세상에 대하여
우리가
더잘 알아야 할
교양

26

지은이 ｜ 옮긴이 소개

지은이 **스터지오스 보차키스**

테네시 대학교의 청소년 문맹 퇴치 이론과 실제를 가르치는 교수입니다. 대중 문화, 미디어 문맹에 대해서 연구하고 있습니다. 지은 책으로는 《소셜 네트워크와 블로그(Social Network and Blogs)》《너의 주제는 무엇이니?(What's Your Source?)》《Pretty in Print》 등이 있습니다.

옮긴이 **강인규**

저널리스트이며 미디어 학자입니다. 현재 펜실베이니아 주립 대학교에서 학생들을 가르치고 있습니다. 지은 책으로는 《망가뜨린 것 모른 척한 것 바꿔야 할 것》《나는 스타벅스에서 불온한 상상을 한다》 등이 있습니다.

세상에 대하여 우리가 더 잘 알아야 할 교양

스터지오스 보차키스 글 | 강인규 옮김

26

엔터테인먼트 산업

어떻게 봐야 할까?

내인생의책

차례

※ 본문의 **굵은 글씨**로 표시된 단어는 108쪽 용어 설명에서 찾아보세요.

여러분은 오늘 무엇을 했나요? 한번 맞혀 볼까요? 틀림없이 세 가지를 했을 거예요. 잠자기, 공부하기 또는 일하기, 놀기. 여러분은 내일도, 모레도, 앞으로 평생 동안 이 세 가지를 반복하며 살아갈 것입니다.

우리가 평생 해야 하는 일이라면 무척 중요하겠지요? 여러분은 이세 가지 중에서 무엇을 제일 좋아하나요? 이것도 맞혀 볼까요? 이 책은 여러분이 가장 좋아하는 '놀기'에 대한 것입니다('잠자기'와 '공부하기'를 제일 좋아하는 분들에게는 미안하게 되었습니다).

여러분은 주로 무엇을 하며 여가 시간을 보내나요? 컴퓨터 게임, 텔레비전, 인터넷, 스마트폰……. 우리는 삶의 일부가 된 이 엔터테인먼트 매체에 대해 얼마나 많은 것을 알고 있을까요? 100년 전만 해도 이중 어떤 것도 존재하지 않았습니다. 그렇다면 이 매체들은 언제 어떻게 태어났고, 앞으로 어떻게 바뀌어 갈까요?

우리는 모두 컴퓨터 게임을 좋아하고 텔레비전 보기를 즐깁니다. 하지만 이 즐거움 속에는 항상 위험이 도사리고 있습니다. 우리에게 즐거움을 주는 엔터테인먼트 산업은 엄청난 돈이 오가는 곳입니다. 따라서 우리의 시선을 끌기 위한 경쟁이 치열하고 일부 제작자들은 돈을 벌기 위해 수단과 방법을 가리지 않습니다.

어떤 게임이나 영화는 소비자의 관심을 끌기 위해 잔인하고 충격적인 장면을 넣기도 하고, 특정 인종이나 여성을 부당한 모습으로 그리기도 합니다. 어떤 텔레비전 드라마는 '협찬 기업'의 상품을 보여 주기 위해 억지 이야기를 만들어 내기도 합니다. 이런 오락물을 아무 생각 없이 보고 즐겨도 괜찮은 것일까요?

우리는 시간과 돈을 들여 엔터테인먼트 활동을 하므로 더 나은 즐거움을 요구할 권리가 있습니다. 그러기 위해서 필요한 것은 비판적으로 사고하는 훈련입니다. 이 책은 놀이와 즐거움에 대해 다시 한 번 생각할 기회를 줄 것입니다. 놀이도 즐겁지만, 놀이에 대해 고민하는 것도 그에 못지않게 즐거운 일이라는 사실도 깨닫게 될 것입니다.

2013년
강인규

들어가며 : 손끝에서 펼쳐지는 혁명

우리는 엔터테인먼트의 세계 속에 살고 있습니다. 엔터테인먼트는 언제나 우리들 곁에 있습니다. 우리가 무엇을 좋아하고 어떤 취미를 갖고 있든 말이지요. 우리들의 하루 일과를 생각해 보세요. 음악, 비디오 게임, 텔레비전, 영화 같은 엔터테인먼트 상품과 매체를 사용하지 않는 날이 거의 없을 것입니다. 이들은 집 밖에서도 우리들을 따라 다닙니다. MP3 플레이어, 소형 게임기, 스마트폰을 생각해 보세요.

엔터테인먼트는 여러모로 우리의 삶을 풍요롭게 해 줍니다. 우리는 공부만 하거나 일만 하며 살 수는 없어요. 쉬고 즐기는 것 역시 삶에서 빼놓을 수 없는 부분이지요. 이때 엔터테인먼트 상품을 이용하면 더 큰 즐거움을 느낄 수 있어요. 엔터테인먼트 상품을 즐기는 방법은 사람마다 다르지만, 엔터테인먼트의 종류가 다양한 만큼 누구든 마음에 드는 것을 찾을 수 있답니다.

하지만 엔터테인먼트가 좋기만 한 것은 아닙니다. 다른 사람과 어울리기보다 컴퓨터, 게임기, 텔레비전, 스마트폰 등에 빠져서 혼자 시간을 보낼 수도 있기 때문이지요. 이렇게 엔터테인먼트 상품과 매체 속에 빠져 살다 보면 자신이 무엇을 즐기는지조차 모를 수도 있습니다. 또, 현실과 가상 세계를 구분하지 못하고 엔터테인먼트 상품이 담고 있는 메시지를 수동적으로 받아들일 수 있어요. 특히 엔터테인먼트 상품들이 폭력적인 장면과 여성과 인종에 대한 부당한 고정 관념 등을 담고 있을 때 문제는 더욱 심각해집니다. 기업들이 엔터테인먼트 상품 속에 몰래 제품 간접 광고를 넣어 자신의 상품을 홍보하는 것도 큰 문제이지요.

엔터테인먼트 혁명에 참여하세요!

엔터테인먼트의 홍수 속에서 현명한 소비자가 되려면 많은 노력이

▮ 엔터테인먼트 매체의 발달로 즐거운 여가 시간을 보낼 수 있게 되었다.

필요합니다. 수동적인 태도를 버리고, 적극적으로 엔터테인먼트 혁명을 이해하도록 노력하세요. 우리가 어떤 엔터테인먼트 상품을 즐기고 있는지 꼼꼼히 살펴보세요. 뒤로 한 발짝 물러서서 여러분 눈앞에 펼쳐지는 엔터테인먼트의 세계를 관찰해 보세요. 그 속에서 어떤 메시지를 찾을 수 있나요? 누가, 왜 그런 메시지를 보내는 것일까요?

엔터테인먼트 산업을 분석하는 방법을 익히고 나면 아주 놀라운 세계를 경험할 수 있게 됩니다. 이들을 비판적으로 바라보는 것은 유익할 뿐 아니라 즐거운 일이기도 합니다.

알아두기

엔터테인먼트 산업이라고 하면 SM 엔터테인먼트, YG 엔터테인먼트와 같은 연예 기획사를 떠올리기 쉽다. 하지만 이러한 연예 기획사는 텔레비전, 라디오, 영화에 등장하는 연예인들을 관리하는 연예 매니지먼트사이며 이 책에 나오는 엔터테인먼트 산업이란 방송, 음악, 영화, 게임 등을 생산하는 문화 산업 전반을 가리킨다.

엔터테인먼트 산업이란?

여러분은 방과 후에 무엇을 하나요? 영화 감상, 텔레비전 시청, 독서, 음악 감상, 컴퓨터 게임 등 우리가 여가 시간을 보내는 방법은 아주 다양합니다. 우리는 이러한 활동을 통해서 지친 일상에서 벗어나 삶의 즐거움과 만족감을 얻지요. 엔터테인먼트란 이렇듯 우리를 즐겁게 하는 모든 활동을 의미합니다.

여러분은 방과 후에 무엇을 하나요? 영화 감상, 텔레비전 시청, 독서, 음악 감상, 컴퓨터 게임 등 우리가 여가 시간을 보내는 방법은 아주 다양합니다. 우리는 이러한 활동을 통해서 지친 일상에서 벗어나 삶의 즐거움과 만족감을 얻지요. 엔터테인먼트란 이렇듯 우리를 즐겁게 하는 모든 활동을 의미합니다.

알아두기

엔터테인먼트(Entertainment)란 긴장을 풀고 편하게 쉬면서 즐겁게 시간을 보내는 행동을 의미한다. 한편 엔터테인먼트 산업은 이러한 엔터테인먼트에 관련된 것들을 만들어 내는 활동을 말하며, 엔터테인먼트 상품이란 엔터테인먼트 산업이 만들어 낸 내용물을, 엔터테인먼트 매체란 엔터테인먼트 상품을 전달하는 형식을 의미한다.

엔터테인먼트의 탄생

사람들은 아주 오래전부터 미술, 음악, 문학, 스포츠와 같은 다양한 즐길 거리를 만들어 냈습니다. 그렇다면 사람들은 왜 이러한 것들을 만드는 것일까요? 사람들이 즐길 거리를 만드는 이유 중 하나는 자신을 드러내고 싶은 욕망 때문입니다. 그래야 다른 사람들에게 중요한 교훈을 전달할 수도 있고, 자신의 생각을 다른 사람들과 이야기 나눌 수 있기 때문이지요. 이처럼 사람들이 창작 활동을 하는 이유는 자신의 감정과 생각을 다른 사람들과 나누기 위해서랍니다.

사람들은 즐거움을 위해 음악이나 영화, 게임 등을 만들기도 합니다. 따분한 일상에서 벗어나기 위해서 또는 다른 사람들을 재미있게 해 주기 위해서 신기한 동영상을 촬영하기도 하고, 신 나는 비디오 게임을 만들기도 하지요. 그리고 무엇보다 사람들은 '만든다'는 그 자체를 통해 성취감을 느끼기도 합니다.

물론 이러한 행위들이 수익을 창출해 내기도 합니다. 영화, 텔레비전 프로그램, 비디오 게임, 음악 등을 제작하고 판매하는 것을 통틀어 엔터테인먼트 **산업**이라고 하는데, 이 산업에서 한 해에 오가는 돈이 수십 조 원에 달하지요. 이는 작은 국가의 한 해 정부 예산보다 큰 액수랍니다.

이렇게 많은 돈이 오가기 때문에 제작자들은 비디오 게임이나 영화 등의 엔터테인먼트 상품을 만들 때 여러 가지를 염두에 둡니다. 그들은 작품이 얼마나 훌륭한지 평가할 뿐만 아니라 시장에서 얼마나 성공할 수 있을지를 판단해서 상품을 만듭니다. 예를 들어 음악가는 음악에 대한 열정으로 곡을 쓰지만, 음반사(음악을 녹음해서 판매하는 회사)는 그 음악으로 얼마나 많은 돈을 벌 수 있는지를 계산하지요. 또, 영화사(영화를 만드는 회사)가 짧은 코미디 영화 한 편을 만들 때에도 마찬가지입니다. 그들은 많은 돈을 주고 인기 있는 배우를 출연시켜 관객들의 주목을 끌려고 하지요.

엔터테인먼트의 역사

과거에 사람들이 엔터테인먼트 상품을 즐기던 방법은 지금과 많이 달랐습니다. 200년 전에는 사람들이 사용할 수 있는 엔터테인먼트 매체가 다양하지 않았습니다. 여기서 엔터테인먼트 매체란 엔터테인먼트 상품을 전달하는 매개체라고 할 수 있어요. 예를 들어 텔레비전이나 컴퓨터, 라디오, 게임기 등이 그것이지요.

그래서 사람들은 책과 신문, 연극, 음악회 정도의 엔터테인먼트 상품밖에 즐기지 못했습니다. 책과 신문을 사려면 동네 서점이나 신문 가판대에 가야 했어요. 공연을 보고 싶으면 극장이나 서커스를 찾아야 했지요. 하지만 기술이 발전하고 라디오, 텔레비전 같은 편리한 엔터테인먼트 매체가 널리 보급되면서 사람들은 극장에 가기보다는 집에서 편안하게 라디오를 듣거나 텔레비전을 보며 저녁 시간을 보내기 시작했습니다.

음반의 등장

다양한 엔터테인먼트 상품 중에 우리가 오래전부터 즐겨 온 것은 음악입니다. 예전에는 음악을 듣기 위해서 직접 연주자나 가수를 찾아 가야 했어요. 하지만 이제는 원하는 시간에 원하는 장소에서 유명한 가수의 노래를 들을 수 있지요. 이렇게 편안하게 음악을 들을 수 있는 것은 모두 엔터테인먼트 매체의 발전 덕분입니다.

1800년대 후반, 축음기라는 기계가 인기를 끌었습니다. 축음기는 음악을 연주하는 장치입니다. 접시 모양의 원반이나 원통을 돌려 소리를 냈지요. 회전하는 원반의 표면에는 가는 홈들이 나 있는데, 그 홈을 따라 날카로운 바늘이 움직이면서 음악 소리를 내는 원리였습니다. 이후 축음기는 '전축'으로 불리게 됩니다.

축음기는 편리하게 음악을 들을 수 있도록 해 주었지만 크기가 너무 커서 집에서만 이용할 수 있었습니다. 하지만 기술의 발달로 음악을 듣는 장치는 점점 작아졌어요. 1960년대에는 손바닥만 한 **카세트테이프**가 나왔고, 1980년대에는 **CD**, 즉 콤팩트디스크가 등장했지요. 그리고 1990년대에는 우리가 현재 즐겨 듣는 **MP3**라는 전자 음악 파일과, 그 파일을 들을 수 있게 해 주는 MP3 플레이어가 모습을 드러냈습니다. 그래서 우리는 언제 어디서나 음악을 들을 수 있게 되었지요.

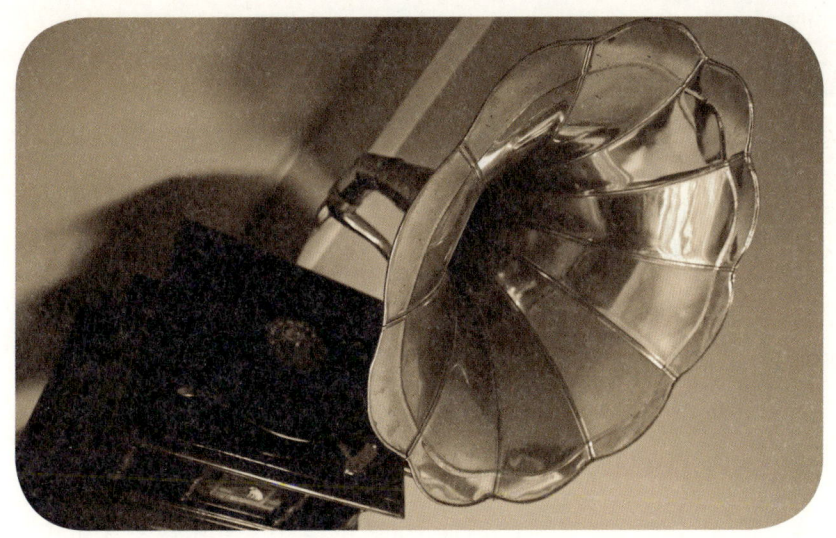

▌축음기의 발명으로 음악을 집에서 들을 수 있게 되었다.

영화의 부상

1890년대에 들어서는 영화가 새로운 엔터테인먼트 상품이 됩니다. 처음 나온 영화는 흑백이었고, 소리가 없는 무성 영화였습니다. 뤼미에르 형제가 만든 '공장을 나서는 노동자들 Workers Leaving the Factory(1895년)'이라는 영화였지요. 이 영화는 1분도 되지 않는 짧은 영화였지만 사람들은 사진이 움직이는 것을 보고 환호했어요. 1920년대 후반에는 '재즈 싱어 The Jazz Singer (1927년)'라는 소리가 들어간 흑백 영화가 만들어졌고, 1930년대가 되자 색깔이 들어간 영화도 만들어지기 시작했습니다. 이후 영화는 엔터테인먼트 상품으로 세계적인 인기를 누리게 되었고, 이에 따라 영화배우들도 이름을 떨치게 되었습니다.

신호를 크게 증폭시키는 진공관의 개발로
라디오 방송이 시작되었다.

라디오, 집 안으로 들어가다

영화 다음에는 라디오 방송
이 주된 엔터테인먼트 상품으
로 자리 잡았어요. 라디오라는
새로운 엔터테인먼트 매체 덕
분이지요. 라디오는 선을 연결
하지 않고 신호를 보내는 기술
에서 시작되었습니다. 에디슨의 조수였던 니콜라 테슬라는 실험을 통
해 무선 통신의 가능성을 보여 주었어요. 또한, 마르코니는 무선 신호
를 널리 보낼 수 있는 기술을 개발했습니다. 당시 라디오는 지금과 완전
히 다른 모습이었어요. '뚜-뚜뚜'처럼 짧은 소리와 긴 소리를 결합해 만
든 신호를 주고받을 수 있을 뿐이었지요. 이후 미국의 발명가 리 드포리
스트가 진공관을 이용하여 라디오 신호를 증폭시키고 잡음을 제거하면
서 마침내 현재와 같은 라디오 방송의 시대가 열렸습니다. 처음에 라디
오 방송국은 코미디, 드라마, **버라이어티 쇼**를 주로 방송하다가 1920년
대부터는 음악, 스포츠, 뉴스도 방송하기 시작했어요.

텔레비전 혁명

우리가 가장 즐겨 이용하는 엔터테인먼트 매체인 텔레비전은 1930
년대에 발명되었습니다. 하지만 처음에는 가격이 너무 비싸서 텔레비
전을 가진 사람이 많지 않았습니다. 1940년대 후반부터 1950년대가 되
어서야 비로소 많은 사람들이 텔레비전을 집 안에 들여놓게 되었지요.

텔레비전은 라디오 방송의 영향을 많이 받았습니다. 연속극, 모험극 등 인기 있는 텔레비전 프로그램 대부분이 라디오 방송에서 시작되었지요. 텔레비전이 처음 소개 되었을 때, 사람들은 텔레비전이 독서, 친구와의 만남, 운동 시간 등을 빼앗아 갈 것이라고 우려하기도 했답니다.

텔레비전이 처음 나왔을 때에는 방송국이 별로 없어서 볼 수 있는 채널이 많지 않았습니다. 그러다가 1980년대 초 위성 방송이 시작되면서 상황은 달라졌습니다. 돈을 조금만 더 내면 수십 개의 채널을 볼 수 있게 된 것이지요. 얼마 후에는 채널이 수백 개로 늘었고, 24시간 방송하는 곳도 생겨났답니다.

그렇지만 현재와는 달리 과거에는 보고 싶은 방송이 있어도 바빠서 놓

▎텔레비전이 널리 보급되면서 사람들은 텔레비전 방송을 보며 저녁 시간을 보내기 시작했다.

치거나 잊어버리면 그걸로 끝이었습니다. 지난 방송을 다시 볼 수 있는 방법이 없었거든요. 하지만 1970년대에 **비디오테이프리코더**(VCR)가 나오면서 텔레비전 방송을 녹화해서 원할 때 언제든 볼 수 있게 되었습니다.

더 나아가 비디오테이프리코더와 비디오테이프의 발명은 녹화된 영화와 텔레비전 방송을 사거나 빌려 볼 수 있게 해 주었습니다. 이로써 완전히 새로운 엔터테인먼트의 세계가 열린 것이지요. 1990년대부터는 **디지털비디오디스크**(DVD), **디지털 비디오 리코더**(DVR), **블루레이** 등이 등장해 영상 엔터테인먼트 매체의 새로운 가능성을 보여 주었습니다.

게임기와 컴퓨터 : 끊임없이 변화하는 기술

1970년대와 1980년대에는 전자오락실이 사람들에게 큰 인기를 끌었습니다. 기계에 동전을 넣으면 '팩맨', '동키콩', '갤러그' 같은 게임을 할 수 있었지요. 한편 비슷한 시기에 아타리와 닌텐도 같은 회사에서는 가정용 게임기를 선보였습니다. 이 게임기를 텔레비전에 연결하면 집에서 오락실처럼 게임을 즐길 수 있었지요.

1990년대부터는 디지털 시각 효과와 음향 기술의 발달로 과거에는 상상조차 할 수 없던 비디오 게임이 만들어졌습니다. 1980년대 후반에 등장한 '게임보이', '세가 제네시스' 등의 가정용 게임기는 1990년대 들어 훨씬 정교해지고 종류도 다양해졌습니다. '슈퍼 닌텐도', '플레이스테이션' 등이 선을 보였고, 2000년대에 들어서는 '엑스박스', '닌텐도 디에스', '위' 등이 인기를 끌었지요.

한편 우리가 흔히 사용하는 엔터테인먼트 매체인 컴퓨터가 언제 처음 만들어졌는지에 대해서는 여러 견해가 있습니다. 많은 사람들이 19세기에 찰스 배비지와 그의 아들이 처음으로 기계식 컴퓨터를 만들었다고 보지요. 1937년에는 첫 전자 컴퓨터가 탄생했고, 1940년대에는 프로그래밍이 가능한 디지털 컴퓨터가 선을 보였습니다. 콘라드 추제가 만든 Z3와 미군이 탄생시킨 **에니악**(ENIAC)이 여기 포함됩니다. 당시 컴퓨터는 우리가 쓰는 컴퓨터보다 계산기에 더 가까웠어요.

에니악의 경우 무게만 30톤에 육박하였고 가격은 수십억 원이어서 일반인들이 사용하기에는 무리였어요. 하지만 미국의 컴퓨터 회사 IBM이 컴퓨터를 최초로 대량 생산하면서, 1970년대와 1980년대에는 컴퓨터가 많이 저렴해져 많은 사람들이 컴퓨터를 갖게 되었습니다. 1990년

■ 팩맨과 같은 아케이드 게임들은 1970년대, 1980년대 큰 인기를 끌었다.

대에는 인터넷이 발달해서 사람들이 손쉽게 정보를 주고받고 사진과 동영상도 공유할 수 있게 되었지요.

이처럼 엔터테인먼트 산업용 기술은 끊임없이 발전했습니다. 예를 들어 영화 '트랜스포머 Transformers(2007년)'나 '아바타 Avatar(2009년)'에는 불과 1990년대까지도 상상할 수 없었던 **컴퓨터 그래픽**(CGI) 효과가 사용되었지요.

많은 엔터테인먼트 매체들은 기술이 발전하면서 더욱 휴대하고 다니기 간편한 형태로 진화했습니다. 이제 사람들은 언제 어디서든 손바닥만 한 **스마트폰**으로 음악을 듣고 영화를 보고, 인터넷도 쓸 수 있게 되었습니다.

▌무선 통신 기술과 스마트폰은 우리의 삶을 송두리째 바꿔 놓았다.

알아두기

비디오 게임은 영화보다 더 인기 있는 엔터테인먼트 상품이다. 유명한 비디오 게임인 '헤일로 3'의 경우 판매 첫날 2,000억 원 이상이 팔렸을 정도다. 한편 영화의 하루 최고 흥행 기록은 2009년 개봉한 '트와일라잇: 뉴 문 The Twilight Saga: New Moon'으로, '헤일로 3'의 절반도 안 되는 850억 원이었다.

간추려 보기

- 엔터테인먼트란 음악, 영화, 게임과 같이 우리가 여가 시간에 즐기는 모든 것들을 의미한다.
- 기술의 발전으로 다양한 엔터테인먼트 매체가 등장하면서, 엔터테인먼트 상품을 더욱 간편하게 즐길 수 있게 되었다.

2

엔터테인먼트 상품은
어떻게 만들어질까?

엔터테인먼트 상품을 본격적으로 만들기 전에 제작자는 상품에 어떤 내용을 담을 것인지
를 생각해야 합니다. 이 과정에서 핵심은 유행을 파악하는 것입니다. 사람들이 무엇을 좋
아하는지 알아내서 이를 잘 반영해야 성공할 수 있기 때문이지요.

엔터테인먼트 산업은 거대한 시장을 이루고 있습니다. 엔터테인먼트 상품은 기본적으로 제작자가 창의력과 상상력을 발휘해 사람들을 즐겁게 해 주려는 목적으로 만들어집니다. 그러나 한편으로는 사람들의 흥미를 끌어 상업적 목적을 달성하기 위한 수단이 되기도 합니다. 그렇다면 현재 우리가 즐기는 엔터테인먼트 상품은 어떻게 만들어진 것일까요?

▌'트랜스포머' 같은 영화는 영화사에는 막대한 이익을 가져다 주고, 관객들에게는 큰 재미를 선사한다.

구상하기

엔터테인먼트 상품을 본격적으로 만들기 전에 제작자는 상품에 어떤 내용을 담을 것인지를 생각해야 합니다. 이 과정에서 핵심은 유행을 파악하는 것입니다. 사람들이 무엇을 좋아하는지 알아내서 이를 잘 반영해야 성공할 수 있기 때문이지요. 예를 들어 미국 작가 스테프니 메이어의 책《트와일라잇》시리즈를 보면 잘 알 수 있어요. 이 흡혈귀를 주제로 한 소설과 영화가 엄청난 성공을 거두자, 비슷한 소설, 텔레비전 드라마, 컴퓨터 게임, 영화 등이 쏟아져 나왔습니다.

시장 조사

제작자가 어떤 엔터테인먼트 상품을 만들지 대략적인 구상이 끝나면 그 상품이 실제로 인기를 얻을 수 있을 것인가에 대한 자세한 연구가 필요합니다. 이때 필요한 것이 바로 시장 조사(Market Research)이지요. 시장 조사란 여러 가지 연구를 통해, 앞으로 제작할 상품에 대해 **소비자**들이 어떤 생각을 갖고 있는지 살펴보는 것을 말합니다. 엔터테인먼트 상품을 만드는 데 수백 억 원이 넘는 돈이 들어갈 수도 있기 때문에 제작자들이 철저하게 시장 조사를 하지 않는다면 경제적으로 큰 손실을 입을 수 있습니다.

시장 조사를 하기 위해서는 상품에 대한 생각을 물어볼 사람들이 필요합니다. 이 사람들을 '포커스 그룹(focus group)'이라고 하지요. 이 포커스 그룹은 제작자가 상품을 집중적으로 판매하고 싶어 하는 소비자들, 즉 표적 고객(Target Demographic) 중에서 뽑은 사람들입니다.

어떤 엔터테인먼트 상품을 만들 것인가에 따라서 이 포커스 그룹은

기업은 어린이와 청소년들의 관심을 끌어야 엔터테인먼트 상품을 많이 팔 수 있다는 사실을 잘 알고 있다.

다양하게 변화할 수 있습니다. 그중에서도 어린이와 청소년들은 돈을 많이 쓰는 소비자 집단에 속합니다. 어른들과 달리 아이들은 집세나 전기세 같은 것을 내지 않아도 되므로, 원하는 곳에 돈을 쓸 수 있습니다. 이러한 돈을 가처분 소득이라고 하지요. 따라서 제작자들은 가처분 소득이 많은 어린이와 청소년을 상대로 상품을 제작하는 경우가 많습니다. 그렇기 때문에 제작자들은 시장 조사를 통해 어린 고객들이 무엇을 좋아하고 무엇을 싫어하는지를 반영해 상품을 내놓으려고 노력합니다.

사례탐구 시장 조사로 성공한 '닌텐도 위'

시장 조사는 소비자들이 좋아할 상품을 만드는 데 큰 도움을 주는 경우가 많다. 일본의 게임 회사인 닌텐도가 '닌텐도 위'라는 게임기로 성공을 거둔 것도 사람들이 무엇을 좋아하는지 꼼꼼히 조사했기 때문이었다.

닌텐도 위는 전원을 연결하는 선이 없는 게임기로, 시장 조사에서 사람들이 게임기에 달린 전선을 싫어한다는 의견에 따라 만들어졌다. 또한 닌텐도는 게임기가 너무 비싸고 커서 불편하다는 의견에 따라 게임기를 최대한 저렴하고 작게 만들었다.

사실 닌텐도가 닌텐도 위를 출시한 것은 큰 모험이었다. 닌텐도 위는 이전의 다른 게임기와는 아주 다른 형식이어서 실패할 확률이 높았고, 그럴 경우 경제적으로 큰 손해를 보기 때문이었다. 따라서 위험을 최소화하기 위해 닌텐도는 제품을 선보이기 전에 직원들과 직원 가족들에게 시범으로 사용해 보게 했다.

철저한 시장 조사 과정을 통해 만들어진 '닌텐도 위'는 얼마 지나지 않아 엄청난 성공을 거두었다. 이 덕분에 2007년 9월에는 닌텐도가 일본 전체 주식 시장에서 2위를 하기도 했으며, 2009년에는 닌텐도 위가 '플레이스테이션 3', '엑스박스 360' 같은 경쟁사의 가정용 게임기보다 훨씬 많이 팔리는 기록을 세웠다.

▐ 영화사는 포커스 그룹의 반응에 따라서 영화 내용을 바꾸기도 한다.

시험하기

　시장 조사의 결과를 반영하여 상품이 만들어지고 나면 시험 단계를 거쳐야 합니다. 예를 들어 게임 회사에서는 새로운 게임을 출시하기 전에 사람들에게 게임을 직접 해 보도록 부탁하지요. 이들은 게임 회사의 실수에서 비롯된 오류를 잡아내기도 하고, 게임에서 너무 쉽다거나, 어렵다거나 또는 재미없다거나 하는 소감을 이야기해 주기도 합니다.

　한편 영화 제작자들은 새로운 작품에 대한 반응을 평가할 사람을 주요 관객층이 될 사람들로부터 모집합니다. 예를 들어 액션 영화에 대한 반응을 살피고 싶을 때는 액션 영화를 즐겨 보는 젊은 사람들을 불러오는 것이지요. 또한 영화 제작자들은 영화 비평가나 전문가들을 불러서 제작 과정에서 실수는 없었는지 전문적으로 평가하도록 부탁하기도 합니다. 이를 시사회라고 하는데, 이렇게 시사회에 참여한 사람들은 무료로 영화를 보게 됩니다. 대신 영화를 보고 난 다음 자신의 의견을 말해야 하지요. 이들의 의견에 따라 제작자들은 잘못된 점을 수정하고, 영화를 어떻게 홍보하면 좋을지에 대한 방향을 설정하기도 합니다.

하지만 시장 조사를 철저히 하여 엔터테인먼트 상품을 만들었다고 해서 항상 성공하는 것은 아닙니다. 회사가 시장 조사만 믿고 상품을 내놓았다가 실패하는 경우도 많지요. 예를 들어 전작이 흥행에 성공하여 후편을 만들지만 전작과 별다른 것이 없어 흥행 참패를 당하기도 합니다. 또는 인기 그룹을 흉내 내는 가수들 중에 노래 실력이 형편없는 경우도 마찬가지이지요. 이런 결과들은 제작자가 창작은 뒷전에 놓고 수익 창출에만 집착해 트렌드만 따라갈 때 흔히 일어나는 실수입니다. 철저한 시장 조사만큼이나 중요한 것은 제작자의 획기적인 아이디어와 피나는 노력입니다.

알아두기

제작자들이 게임을 만들고 나면 시장에서 판매하기 전에 두 번의 테스트를 거친다. 알파 테스트와 베타 테스트가 바로 그것인데, 알파 테스트는 제작 회사 내부의 사원들이 게임을 직접 테스트해 보며 기술상의 오류를 점검하는 과정이다. 한편 베타 테스트란 게임 제작의 최종 단계로 게임의 오류와 실제 가치를 알아보기 위해 사용자들에게 무료로 배포한 뒤 반응을 점검하는 것을 말한다.

사례탐구 창의력의 힘을 보여 준 영화

　엔터테인먼트 업계는 소비자들이 완전히 창의적이고 새로운 것을 원하는 경우가 적지 않다는 사실을 깨닫고 있다. 이런 작품은 시장 조사나 시험에만 기대서는 만들어 낼 수 없다. 2009년에 화제가 된 '괴물들이 사는 나라 Where the Things Are'가 바로 그 좋은 예다.

　미국의 영화감독 스파이크 존즈는 특이하고 상상력이 넘치는 뮤직비디오와 영화를 만들기로 유명했다. 어느 날 그는 인기 있는 그림책《괴물들이 사는 나라》를 영화로 만들어 보라는 제안을 받았다. 존즈는 상상력을 마음껏 발휘해 영화를 만들었고, 상영 전에 이것을 영화사 간부들에게 보여 주었다.

　간부들에게 그것은 난생 처음 본 독특한 영화였다. 그래서인지 반응이 별로 좋지 않았고 심지어 어떤 이는 영화가 아이들이 보기에 너무 기괴하고 무섭다며, 감독에게 영화 내용을 바꾸라고 요구했다. 영화사는 그 작품에 많은 돈을 투자한 만큼 영화 내용을 고쳐서라도 수익을 내고 싶어 했다. 너무 독특한 영화여서 인기를 끌기 어려워 보였기 때문이다. 하지만 존즈 감독은 일부러 기괴하고 무섭게 만든 영화이니만큼, 고칠 수 없다고 맞섰고 결국 감독의 주장대로 하기로 했다. 개봉한 지 3일 만에 약 300억 원이 넘는 놀랄 만한 성공을 거둔 것이다. 이를 계기로 영화사들은 안전한 선택이 항상 좋은 것만은 아니라는 사실을 깨닫게 되었다.

영화 '괴물들이 사는 나라'에는 환상적이고 기괴한 의상과 장소가 등장한다.

간추려 보기

- 엔터테인먼트 상품은 유행에 맞는 구성, 철저한 시장 조사, 제작 이후의 테스트 과정을 통해 만들어진다.
- 소비자가 원하는 것에 맞춰서 엔터테인먼트 상품을 제작해 내는 것만큼 제작자의 창의성도 성공에 영향을 미치는 중요한 요소다.

CHAPTER

3

엔터테인먼트 상품 속의 폭력, 표현의 자유일까?

엔터테인먼트 상품의 제작자들은 엔터테인먼트 상품이 보여주는 폭력에 소비자들이 영향을 받지 않는다고 생각할지도 모릅니다. 왜냐하면 폭력의 영향은 즉각적으로 눈으로 보이는 것이 아니기 때문입니다. 하지만 만일 엔터테인먼트 상품의 폭력성이 이용자들에게 실제로 영향을 미친다면 어떨까요? 폭력의 표현을 규제해야 할까요?

엔터테인먼트 산업은 경쟁이 치열합니다.
그렇기 때문에 제작자들은
소비자들의 눈에 띄고 그들의 마음을 사로잡는 엔터테인먼트 상품을 내
놓으려고 필사적이지요. 이러한 엔터테인먼트 상품이 소비자의 관심을

▌관객들은 영화 '라이언 일병 구하기'가 보여 준 폭력 장면에 다양한 반응을 보였다.

끌기 위해 가장 흔히 쓰는 방법이 폭력 장면처럼 충격적이고 자극적인
장면을 집어넣는 것입니다.

폭력, 꼭 필요한 장면일까?

욕설이나 구타에서 살인, 테러에 이르는 폭력적인 요소가 엔터테인
먼트 상품들에 많이 담겨 있습니다. 이렇게 폭력적인 장면들은 꼭 필요
한 것일까요?

때로 엔터테인먼트 상품 제작자들은 내용을 사실적으로 표현하기 위
해 폭력 장면을 넣기도 합니다. 예를 들어 전쟁 영화에서 군인이 부상당
해 피를 흘리거나 죽어 가는 모습을 보여 주는 경우가 있지요. 1998년
에 개봉한 '라이언 일병 구하기 Saving Private Ryan'는 제2차 세계 대전
을 다룬 영화로, 처음 30분 동안 혼란스럽고, 잔인하고 끔찍한 장면들
이 잇달아 나옵니다.

스티븐 스필버그 감독은 전쟁에 대한 자신의 생각을 보여 주기 위해
폭력 장면을 썼다고 말합니다. "제2차 세계 대전을 단지 아름답게 보여
주기 위해 영화를 만든다면 참전 군인들을 욕되게 하는 것"이라는 게 그

의 주장입니다. 군인들이 전쟁에서 얼마나 끔찍한 경험을 했는지 보여주고 싶었다는 것이지요. 스필버그는 전쟁에서 희생당한 사람들의 모습을 사실 그대로 보여 주고 관객들이 그들의 희생을 되새길 수 있게 되기를 바랐습니다. 또한 관객들에게 전쟁의 끔찍함을 일깨움으로써 함부로 전쟁을 일으켜서는 안 된다는 사실도 말하고 싶었습니다.

이와 비슷한 이유로 폭력을 묘사하는 가수들도 있습니다. 어떤 힙합 가수들은 폭력적인 음악이 도시의 폭력적인 현실을 반영한다고 주장합니다. 즉 폭력을 담은 가사는 사회의 문제에 강한 의문을 제기하고 해결을 요구하는 수단이라는 것입니다.

하지만 전문가들은 엔터테인먼트 상품이 별다른 이유 없이 그저 사람들의 관심을 끌기 위해 폭력을 이용하는 경우도 많다고 이야기합니다. 폭력적인 장면으로 관객들의 호기심을 끌고, 언론의 조명을 받으려

사례탐구 **'다크나이트 라이즈' 총기 난사 사건**

2012년 7월 20일 콜로라도 주 덴버 인근 오로라 시의 센추리 16 영화관에서 총기 난사 사건이 벌어졌다. 그 영화관에서는 배트맨 시리즈의 마지막 편인 '다크나이트 라이즈 The Darknight Rises(2012년)'가 상영되고 있었다. 범인인 제임스 홈즈는 하얗게 얼굴을 칠하고 빨간 머리를 한 채 "나는 조커다!"라고 외치며 극장의 관객들에게 무차별로 총기를 난사했다. 이 사건으로 14명이 사망하고 50명 이상이 부상을 입었다. 조커는 배트맨 시리즈에 등장하는 악당으로 도시에 폭탄 테러를 하는 인물이었는데, 홈즈는 그를 따라한 것이었다.

한다는 것이지요. 이렇게 해서 사람들의 주목을 받으면 영화 입장권, 음악, 비디오 게임 등의 엔터테인먼트 상품을 더 많이 판매할 수 있기 때문입니다.

더 큰 문제는 오늘날 관객들이 엔터테인먼트 상품의 폭력에 익숙해진 나머지 폭력 장면을 별 생각 없이 보아 넘기는 경우가 많다는 것입니다. 이어서 자세히 살펴보겠지만, 폭력에 무감각해지는 것은 심각한 문제입니다.

비디오 게임 속의 폭력

우리가 즐겨 하는 비디오 게임은 그 안에 담겨 있는 지나친 폭력성으로 비판을 받습니다. 특히 사실적인 게임에 대한 우려가 크지요. 전쟁 게임과 같은 1인칭 슈팅 게임을 할 때 우리는 총을 든 주인공의 시선으로 세상을 바라보며 방아쇠를 당기게 됩니다. 예를 들어 제2차 세계 대전을 배경으로 한 전쟁 게임인 '콜 오브 듀티' 시리즈는 적군을 죽이는 것을 비롯해 실감 나게 전쟁을 체험할 수 있도록 되어 있습니다.

'GTA 4 (Grand Theft Auto 4)' 역시 논란이 되는 게임 중 하나입니다. 이 게임에서는 차를 훔치거나 패싸움을 벌이기도 하고, 앞에 있는 사람은 경찰이라도 쏠 수 있게 되어 있습니다.

▌ 게임 'GTA 4'는 잔혹한 폭력 장면으로 비판을 받기도 했다.

영화와 음악 속의 폭력

　게임뿐만 아니라 많은 영화들도 폭력을 묘사하고 있습니다. '터미네이터 The Terminator(1984년)', '쏘우 Saw(2004년)', '호스텔 Hostel(2005년)' 같은 영화들은 사람이 다치고 죽는 폭력적이고 잔인한 장면들로 가득합니다. 또 '킬 빌 Kill Bill(2003년)'의 쿠엔틴 타란티노나 '리볼버 Revolver(2005년)'의 가이 리치 같은 감독은 폭력 장면을 생생히 보여 주는 것으로 유명합니다. 어떤 사람들은 이런 영화들이 폭력을 과장해서 묘사하고 있기 때문에 이를 심각하게 여길 필요는 없다고 주장합니다. 하지만 그런 폭력 장면도 위험하다고 말하는 사람들도 있습니다.

　또한 일부 힙합 가수들의 노래에는 폭력적인 가사가 많습니다. 예를

일부 비평가들은 마릴린 맨슨이 팬들을 폭력
적으로 만든다고 비판한다.

들어 힙합 음악의 장르 중 하나인 갱스터 랩의 가사를 보면 사회에 대한
비판과 욕설 그리고 폭력적 묘사가 담긴 경우가 많습니다. 이러한 힙합
가수뿐만 아니라, 마릴린 맨슨 같은 가수나 슬립낫 같은 록 밴드 역시
폭력적이라는 비판을 받습니다. 이들의 노래 속에 죽음, 증오, 폭행 등
의 이야기가 들어가는 경우가 많기 때문입니다.

　하지만 이러한 비판에 대해 가수들은 폭력에 대한 묘사가 인간의 본
성을 탐구하고 사회의 부조리를 드러내기 위한 수단이라고 말합니다.
그래서 폭력을 묘사한 가사 역시 표현의 자유로 보호받아야 한다고 하

지요. 이에 전문가들은 폭력을 담은 노래가 어린 팬들의 폭력적인 성향과 행동을 부추긴다고 반박합니다.

엔터테인먼트 상품의 제작자들은 엔터테인먼트 상품이 보여주는 폭력에 소비자들이 영향을 받지 않는다고 생각할지도 모릅니다. 왜냐하면 폭력의 영향은 즉각적으로 눈으로 보이는 것이 아니기 때문입니다. 하지만 만일 엔터테인먼트 상품의 폭력성이 이용자들에게 실제로 영향을 미친다면 어떨까요? 폭력의 표현을 규제해야 할까요?

폭력에 대한 둔감화

미디어 관련 연구에 따르면, 폭력적인 엔터테인먼트 상품에 자주 노출되면 점차 폭력에 무감각해진다고 합니다. 전문가들은 폭력 장면에 무감각해지면 현실에서 일어나는 잔인하고 폭력적인 상황에 둔감해질 수 있다고 말합니다. 이것을 **둔감화 또는 탈감각화**(desensitization)라고 하지요. 또한 폭력에 둔감해지면 다른 사람들을 배려하지 못하게 되고, 남들의 고통에 공감하지 못하게 된다고 합니다. 다시 말해, 엔터테인먼트 상품의 폭력에 무감각해지면 현실에서 일어나는 폭력에도 무덤덤해진다는 뜻이지요.

폭력적인 엔터테인먼트 상품을 보게 되면 한번 곰곰이 생각해 보세요. 만일 그게 현실이라면 어떻게 될까요? 폭력의 희생자가 여러분의 친구라면 어떤 기분이 들까요? 그 사건으로 고통을 받게 될 사람들은 누구일까요? 그런 일을 저지른 사람은 어떤 벌을 받게 될까요? 엔터테인먼트 매체는 이런 문제들에 대해 좀처럼 생각할 기회를 주지 않습니다.

콜럼바인 총기 난사 사건

흔한 일은 아니지만, 폭력에 대한 둔감화가 실제로 끔찍한 사건으로 이어지기도 합니다. 이것의 사례는 1999년 미국 콜로라도 주 덴버 근처에서 일어난 사건입니다. 4월 20일, 평소 자신을 '트렌치코트 마피아'라고 칭한 2명의 콜럼바인 고등학교 학생이 총으로 무장한 채 학교에 나타났습니다. 그들은 900여 발의 총알을 난사해 학생 12명과 교사 1명, 총 13명을 쏘아 죽였고 24명을 다치게 만든 후 자살했습니다. 심지어 그들은 폭탄을 터뜨리려고 시도했습니다. 가해자들은 타인의 고통에 대해 극도로 무감각한 모습을 보였습니다.

콜럼바인 총기 난사 사건 이후 사람들은 왜 그런 일이 일어났는지 알

엔터테인먼트 매체는 폭력이 어떤 끔찍한 결과를 가져오고, 가해자가 어떤 처벌을 받게 되는지 잘 보여 주지 않는다. 콜럼바인 총기 난사 사건은 수많은 학생들과 가족들에게 커다란 고통과 슬픔을 가져다주었다.

려고 애썼습니다. 일부는 가해자들에게 정신적인 문제가 있었다고 했고, 어떤 이들은 그 학생들이 평소 복용하던 약 때문이라고도 했습니다. 또한 그 소년들은 학교 폭력의 피해자였으며, 이전에 친구들로부터 따돌림을 당한 경험이 있었다는 것도 밝혀졌습니다.

엔터테인먼트 상품의 문제점을 지적한 사람도 있었습니다. 사건을 일으킨 학생들이 '둠'이라는 1인칭 슈팅 게임에 빠져 있었다는 것이 밝혀졌기 때문이었습니다.

또, 그 소년들이 록 가수인 마릴린 맨슨의 팬이라는 소문이 돌아서 보수적인 사회단체에서는 마릴린 맨슨을 거세게 비난했습니다. 하지만 마릴린 맨슨에 관한 이야기는 사실이 아닌 것으로 밝혀졌지요.

피해자의 가족들은 폭력적인 게임을 만든 회사들을 고소했습니다. 폭력적인 게임이 소년들을 폭력적으로 만들었다는 판단 때문입니다. 하지만 판사는 사건의 원인을 비디오 게임 하나로 보기는 어렵다고 판단하고 재판을 기각했습니다.

한편 '화씨 911 Fahrenheit 9/11(2004년)'로도 유명한 마이클 무어 감독은 콜럼바인 총기 난사 사건을 소재로 한 영화 '볼링 포 콜럼바인 Bowling For Columbine(2002년)'을 만들었습니다. 영화에서 무어 감독은 마릴린 맨슨에게 "만약 콜럼바인 총기 난사 사건을 일으킨 소년들을 만났다면 어떤 말을 해 주었겠느냐?"고 물었습니다. 이에 마릴린 맨슨은 "한마디도 하지 않았을 것"이라며 이렇게 덧붙였습니다. "말을 하기 보다 그들의 말을 들어 주었을 것 같습니다. 아무도 그들의 말에 귀를 기울이지 않았으니까요."

엔터테인먼트 상품이 주는 환상의 세계에 빠진 청소년들은 현실 감각을 잃게 됩니다. 맨슨은 이러한 '둔감화'에 대해 이야기하고 있습니다. 둔감화된 청소년들이 다른 사람들과 만나고 이야기를 나누면 현실로 돌아올 수 있다는 것이지요. 대화는 폭력성과 공격성을 누그러뜨려 비극적인 결과를 막을 수 있게 도와줄 수 있어요.

이 사건이 주는 또 다른 시사점은 사건이 가해자들의 게임 중독 때문만이 아니라, 다양한 상황들이 복합적으로 작용했다는 것입니다. 여기서 우리는 엔터테인먼트 상품의 폭력성에 대해 다시 한 번 생각해 볼 수 있습니다. 사회에서 일어나는 수많은 폭력적인 사건들이 과연 모두 엔터테인먼트 상품 때문에 발생한 것일까요? 아니면 사회에 숨어 있는 문제점들을

찬성 VS 반대

폭력 장면에 영향을 받는 어린이들과 청소년이 있다는 사실을 알아야 합니다. 그들의 마음속에 폭력의 싹이 터서 자라고, 열매가 열려 생각을 바꿔 놓고, 그 결과 폭력의 결과에 무감각해져 직접 폭력을 저지르게 될 수도 있습니다.

- 앨 고어 전직 미국 부통령

영화에 살인 장면이 나온다고 해서 청소년들이 그것을 그대로 따라 하지는 않습니다. 만일 그렇게 믿는다면 영상 매체의 힘을 과대평가하는 것이고, 부모들의 역할을 과소평가하는 것이지요.

- 세르주 티스롱 프랑스 정신분석학자

간과한 채 엔터테인먼트 상품에게 책임을 전가하고 있는 것은 아닐까요?

'내추럴 본 킬러'와 표현의 자유

엔터테인먼트 상품이 지나치게 폭력적이라는 비판에 대해서 많은 엔터테인먼트 상품의 제작자들은 표현의 자유를 주장합니다. 표현의 자유란 자신의 생각이나 의견을 자유롭게 말할 수 있는 권리를 의미합니다.

미국의 영화감독 올리버 스톤은 '내추럴 본 킬러 Natural Born Killer'라는 영화를 만들었습니다. 1994년에 개봉한 이 영화는 폭력적인 장면이 많이 등장할 뿐만 아니라 영화의 줄거리가 폭력을 미화시키고 있다고 해서 큰 논란이 되었습니다. 서로 좋아하는 젊은 남녀가 총으로 52명의 사람을 살해하는 내용이기 때문입니다. 그런데도 그 연인은 벌을 받지 않고 유명 인사가 되지요.

내추럴 본 킬러를 만든 사람들은 이 영화를 통해 사람들이 얼마나 난폭해졌고, 사회적 명성을 얻기 위해 수단과 방법을 가리지 않게 되었는지 말하려고 했다고 합니다. 그러나 많은 비평가들은 이 영화가 살인을 정당화하고, 심지어 낭만적인 것으로 그려 냈다고 비판했습니다. 비평가들은 살인을 저지른 주인공들이 감옥을 탈출해 행복하게 살게 된다는 결말에도 우려를 나타냈습니다. 엄청난 죄를 저지른 사람들이 아무런 벌도 받지 않은 채 영화가 끝나는 것은 말이 안 된다는 생각 때문이지요.

모방 범죄

영화 내추럴 본 킬러는 영화에 등장하는 범죄를 따라 한 '모방 범죄'

어떤 사람들은 '내추럴 본 킬러'가 폭력과 살인을 멋진 일처럼 그려 낸다고 비판했다. 또 어떤 사람들은 오히려 이 영화가 엔터테인먼트 상품과 영상 매체의 문제점을 비판하고 있다고 말했다.

가 잇달아 일어나자 더 큰 논란에 휩싸였습니다. 그 모방 범죄 중에 잘 알려진 사건은 미국 오클라호마의 젊은 남녀가 저지른 사건입니다. 그들은 마약을 복용한 채 내추럴 본 킬러를 감상하고는 편의점에서 강도 행각을 벌였습니다. 이 과정에서 그들의 총에 맞아 한 사람이 사망했고, 다른 한 사람은 전신이 마비되었습니다. 또한 이 영화를 본 14세의 텍사스 소년은 내추럴 본 킬러의 주인공들처럼 유명해지고 싶다는 이유로 13세 소녀를 살해하기도 했습니다.

1996년 3월, 오클라호마의 끔찍한 사건으로 전신이 마비된 피해자와 가족은 범인뿐만 아니라 올리버 스톤 감독까지 고소했습니다. 피해자의 측근은 그 영화가 "관객에게 충격을 주어 끔찍한 살인에 무감각해지게 만든다."고 말했습니다. "올리버 스톤은 사람을 죽이는 것이 멋지고, 재미있고, 신 나는 일이라고 말하고 있으며, 살인죄를 저질러도 처벌받지 않는다."고 가르치는 셈이라는 것입니다.

표현의 자유

이에 대해 올리버 스톤 감독은 표현의 자유라는 권리를 행사한 것뿐이라고 자신을 변호했습니다. 미국에서는 **수정 헌법 제1조**(First Amendment)라는 규정에 따라 누구나 하고 싶은 말을 자유롭게 할 권리가 있습니다. 스톤 감독은 영화를 통해 사회의 폭력에 대해 생각할 기회를 주고 싶었다고 말했습니다. 이러한 메시지를 헌법상의 권리에 따라 자신이 원하는 방식으로 창의적으로 표현했을 뿐이라는 것입니다.

스톤 감독은 "영화가 법에 대해서 말할 의무는 없습니다. 당신이 다른 사람을 죽이면 당연히 법을 어기는 것입니다."라고 말했습니다. 그는 오클라호마 사건의 범인들이 약물에 취한 환각 상태에서 그런 일을 저질렀으며, 정신 질환을 앓았던 적이 있다는 점도 지적했습니다. 단순히 영화 한 편이 사람을 살인자로 만들지는 않았다는 것입니다.

법원에서 판사는 스톤 감독이 헌법에 보장된 표현의 자유라는 권리에 따라 보호받는다고 판결했습니다. 하지만 소송은 몇 년간 계속되었지요. 그는 마침내 2001년에서야 무죄 판결을 받을 수 있었습니다.

등급제

엔터테인먼트 상품이 영향을 주는 많은 폭력 사건들을 예방하는 것도 중요한 과제이지만 표현의 자유도 보호받아야 할 중요한 가치입니다. 그래서 많은 국가에서는 **등급제**를 실시해 사람들에게 엔터테인먼트 상품의 사용에 대한 길잡이를 주고 있습니다. 엔터테인먼트 상품이 주는 영향에 취약한 어린이들의 이용을 제한하거나 부모의 지도하에 이용하도록 돕기 위한 것이지요. 예를 들어 한국 영상물 등급 위원회는 영화를 '전체 관람가', '12세 관람가', '15세 이상 관람가', '청소년 관람 불가', '제한 상영가' 이렇게 다섯 가지로 분류합니다. 미국 영화 협회(MPAA, Motion Picture Association of America)는 '전체 관람가'부터 '만 17세 미만 관람 불가'까지 다섯 가지로 구분하지요. 영국 영화 등급 분류 위원회(BBFC, The British Board of Film Classification)는 영화를 '4세 이상 전체 관람가(U)'에서 '만 18세 미만 관람 금지(R18)'까지 모두 7등급으로 나눕니다.

비디오 게임의 경우, 한국 게임물 등급 위원회는 사용자의 나이를 기준으로 '전체 이용가', '12세 이상 이용가', '15세 이상 이용가', '청소년 이용 불가', '발매나 판매 및 유통 불가' 등으로 구분합니다. 미국과 캐나다는 '만 3세 이상 이용가', '만 6세 이상 이용가', '만 10세 이상 이용가', '만 13세 이상 이용가', '만 17세 이상 이용가'와 '미성년자 이용 불가'로 나누지요. 영국은 범유럽 게임 정보(PEGI, Pan European Game Information) 기준에 따라 다섯 가지 연령대로 구분한 등급을 사용합니다. 음반의 경우, 노래에 욕설이나 비어가 사용되는 경우는 '부모 지도 필요(Parental Advisory)' 표시를 찍는답니다.

의무와 선택

등급제가 모두 철저하게 지켜지는 것은 아닙니다. 등급제 가운데는 반드시 따라야 하는 것도 있고, 경우에 따라 그렇지 않은 것도 있습니다. 예를 들어 청소년 관람 불가 영화의 경우, 극장은 미성년자의 입장을 원칙적으로 허락하지 않습니다. 그러나 때에 따라 부모들에게 자녀들이 봐도 괜찮은 것과 보지 말아야 할 것을 구분하도록 맡기는 경우도 있어요. 많은 사람들은 부모들이 자녀에 대해서 이러한 결정권을 갖는 것을 선호하지요.

반면 텔레비전은 조금 다릅니다. 나라에 따라 다르지만, 텔레비전 중에는 칩이라는 전자 장치가 들어 있어서, 부모들이 자녀가 시청할 수 있는 프로그램을 제한할 수도 있습니다. 또한 어떤 프로그램은 비밀번호를 입력해야만 볼 수 있습니다.

등급제에 관한 비판

등급제는 엔터테인먼트 상품 제작자의 표현의 자유를 보호하는 동시에 이용자들이 엔터테인먼트 상품의 과도한 표현에 노출되는 것을 보호하기 위해 만들어졌습니다. 하지만 등급제 역시 표현의 자유를 억압하는 제도에 불과하다고 믿는 사람들도 있습니다. 예를 들어 미국의 월마트 같은 대형 상점에서는 '부모 지도 필요' 표시가 붙은 음반을 아예 판매하지 않고, 가수들에게 논란이 될 만한 가사를 뺀 '순화된' 앨범을 만들도록 요구합니다. 예술가들은 이런 조처가 그들의 창의성을 훼손하고 표현의 자유를 억압한다고 비판합니다.

• 많은 엔터테인먼트 상품은 이용자의 흥미를 유발하거나 사회를 비판하
  는 메시지를 담기 위해서 폭력적인 요소를 담는다.
• 폭력적인 엔터테인먼트 상품이 사람들을 폭력에 둔감하게 만들고 모방
  범죄를 부추긴다고 비판하는 사람들도 있다.
• 엔터테인먼트 상품의 폭력적인 요소를 무조건 규제하는 것은 제작자의
  표현의 자유를 침해하는 행위가 될 수도 있다.

엔터테인먼트 상품 속의
고정 관념 : 여성과 인종

영웅의 모습을 떠올려 보세요. 키가 크고 잘생긴 남성이나 날씬하고 예쁜 여성이 떠오르지 않나요? 그렇다면 반대로 악당의 모습을 떠올려 보세요. 못생기고 지저분하거나, 얼굴이나 몸에 흉터가 있는 모습이 떠오르지 않나요? 영웅과 악당은 남성인가요, 여성인가요? 그리고 그들은 백인인가요, 동양인 또는 흑인인가요?

4

CHAPTER

영웅의 모습을 떠올려 보세요. 키가 크고 잘생긴 남성이나 날씬하고 예쁜 여성이 떠오르지 않나요? 그렇다면 반대로 악당의 모습을 떠올려 보세요. 못생기고 지저분하거나, 얼굴이나 몸에 흉터가 있는 모습이 떠오르지 않나요? 영웅과 악당은 남성인가요, 여성인가요? 그리고 그들은 백인인가요, 동양인 또는 흑인인가요?

때로 엔터테인먼트 상품의 제작자들은 소비자들이 익숙한 것을 원한다고 지레짐작하기도 합니다. 그래서 고정 관념에 따라 손쉽게 엔터테인먼트 상품을 제작하는 경우가 있습니다. 여기서 고정 관념이란 어떤 집단이나 사람들에 대한 일반적인 생각들을 의미합니다. 예를 들면 어떤 **인종**과 **민족**은 이러이러하다고 단순화하는 것이지요. 이렇게 많은 사람들이 가지고 있는 고정 관념들은 엔터테인먼트 상품에 반영되어 그 속에 등장하는 인물이나 상황들이 어떻게 될 것인지 단서를 제공하기도 합니다.

엔터테인먼트 상품은 이야기를 빠르게 전개하기 위해 고정 관념을 사용하기도 합니다. 예를 들어 범죄 현장에 훤칠하고 잘생긴 남자가 걸

리한나 같은 연예인들은 종종 성적 이미지를
자신을 홍보하는 수단으로 사용한다.

어 들어오면 좋은 역할을 맡은 '우리 편'인 경우가 많습니다. 반면에 흉
한 모습을 한 인물이 등장하면 나쁜 사람이라고 짐작하게 되지요. 이
런 엔터테인먼트 상품은 외모를 '좋은 편'과 '나쁜 편'을 가르는 수단으
로 사용함으로써, 부당한 편견과 고정 관념을 부추기는 결과를 낳게 됩
니다. 고정 관념을 가지고 사람을 대하면 그릇되고 부당한 판단을 하기
쉽습니다. 우리는 엔터테인먼트 매체와 많은 시간을 보내기 때문에,
잘못하면 엔터테인먼트 상품 속의 고정 관념을 사실로 여기게 될 위험
이 있습니다.

성(性)과 엔터테인먼트 상품

오늘날 시중에는 수많은 엔터테인먼트 상품들이 수익을 얻기 위해 경쟁하고 있습니다. 따라서 제작자들은 앞다퉈 소비자의 마음을 빼앗으려고 하지요.

많은 엔터테인먼트 상품들은 소비자들에게 인기를 얻기 위해서 성적인 요소를 사용하기도 합니다. 예를 들어 몸이 과도하게 드러난 옷을 입은 가수를 출연시킨다든지, 지나치게 성적인 장면을 보여 주는 것처럼 말이지요. 그리고 이러한 왜곡된 성적 이미지도 폭력 장면처럼 자주 보다 보면 당연히 여기기 쉽습니다.

예술가들은 엔터테인먼트 상품에서 성적 이미지가 필요한 경우도 있다고 말합니다. 엔터테인먼트 상품의 줄거리 중에 반드시 필요한 성적인 묘사가 존재할 수도 있기 때문입니다. 또한 성은 건강한 삶의 한 부분이기에 성인들을 위한 영화나 음악 등에 유익하게 쓰일 수 있지요.

하지만 사람들은 어린이나 청소년이 지나치게 많은 성적 메시지에 노출되고 있다고 걱정합니다. 미성년자들은 엔터테인먼트 상품이 보여 주는 왜곡된 성적 이미지가 현실인 것처럼 착각하여 성에 대해 그릇된 인식을 가지게 될 수 있어요. 또한 호기심에, 마음의 준비가 되기도 전에 무책임하게 성 경험을 할 수도 있습니다. 왜곡된 성적 이미지가 여성들을 하나의 **'인격체'**보다는 '성적 대상'으로만 보이게 만든다는 점을 우려하는 사람들도 있습니다. 그리고 결국 이러한 문제들은 엔터테인먼트 상품의 이용자들에게 여성들에 대한 고정 관념을 심어 줄 수 있지요.

엔터테인먼트 상품에서 성적 이미지를 보게 될 때 다음과 같은 점을 생각해 봅시다. 그 엔터테인먼트 상품에서 성적인 장면이 꼭 필요한 역할을 하고 있는지, 아니면 단지 사람들의 관심을 끌어서 돈을 벌기 위한 목적으로 사용되고 있는지 말이에요.

전문가 의견

새로운 전자 매체에서 여성을 고정 관념적이고 성차별적으로 묘사하고, 심지어 비하하는 모습까지도 쉽게 볼 수 있습니다. 대부분의 비디오 게임은 여성 차별적인 고정 관념을 재생산하는 문제를 안고 있습니다.

– 에바 브리트 스벤슨 유럽 의회 여성인권 및 성평등위원회

엔터테인먼트 상품에서의 여성

엔터테인먼트 상품에 등장하는 여성들을 생각해 보세요. 젊고 예쁜 여자가 떠오르지 않나요? 이처럼 엔터테인먼트 산업은 대개 젊고 아름다운 여성들을 선호하는 것 같습니다. 텔레비전, 영화, 가요계 스타, 비디오 게임 캐릭터 모두 그렇지요. 사실 아름다운 외모에 의존하지 않고 노력과 재능만으로 성공하는 여성이 등장하는 엔터테인먼트 상품은 찾아보기 어렵습니다.

비디오 게임은 여성에 대한 고정 관념을 극복하는 데 있어 다른 엔터테인먼트 상품보다 훨씬 뒤쳐져 있습니다. 비디오 게임에서 여성 캐릭터들은 거의 나오지 않고, 나온다 해도 'GTA 4'에 나오는 것처럼 수동적이고 성적인 대상으로 묘사되는 경우가 많습니다. '툼 레이더' 시리즈

의 라라 크로프트 같은 캐릭터는 자신감 넘치고 유능하며 자신을 지킬 수 있는 강한 여성처럼 보입니다. 그러나 라라 크로프트의 외모와 옷차림을 보면 성적인 매력을 드러내기 위해 만들어졌다는 생각을 하지 않을 수 없습니다.

이처럼 엔터테인먼트 상품이 보여 주는 **성차별**적인 고정 관념은 여성들이 어려운 상황에서 남성에게 의존하는 연약하고 **수동적**인 존재라는 것입니다. 엔터테인먼트 상품에 등장하는 많은 여성들은 적극적으로 자신에게 주어진 난관을 헤쳐 나가기보다는 자신의 타고난 아름다움과 착한 마음씨로 다른 사람들에게 도움을 받아 문제를 해결합니다. 더 나아가 여성들은 아무 이유 없이 악당들에게 희생되기도 하지요. 많은 엔터테인먼트 상품에서 남자 주인공이 여자 주인공을 구해 주는 모습을 쉽게 볼 수 있지 않나요?

엔터테인먼트 상품에서 흔히 볼 수 있는 또 다른 성차별적인 고정 관념이 있습니다. 그것은 여성을 인격체가 아닌 '성적 대상'으로 그리는 것입니다. 'GTA 4'는 이러한 이유로 많은 비판을 받았는데, 그 게임에

'시계태엽 오렌지'와 모방 범죄

1971년 개봉한 스탠리 큐브릭 감독의 영화 '시계태엽 오렌지 Clockwork Orange'는 심각한 모방 범죄 논란을 불러왔다. 영화에 등장하는 주인공 알렉스는 친구들과 함께 살인, 성폭행과 같은 심각한 비행을 즐겨 한다. 이 영화가 개봉되고 난 뒤 영국의 청소년들이 영화에 등장하는 것과 비슷한 방식으로 성폭행 범죄를 저질러 영국 사회에 충격을 주었다. 심지어 가해자들은 영화의 주인공이 했던 것처럼 피해자를 성폭행하면서 '사랑은 비를 타고 Singing in the Rain'라는 노래를 부르기도 했다. 이 사건 때문에 영국에서 시계태엽 오렌지는 25년간 상영 금지 처분이 내려졌고 감독이 사망하고 나서야 영화가 상영될 수 있었다.

나오는 여자들은 옷을 벗고 춤을 추는 무용수이거나 매춘 여성이었습니다. 또한 게임을 하는 사람이 그 여성들을 죽이거나 학대할 수 있어서 더 큰 문제가 되었습니다. 이러한 고정 관념은 여성이 사회에서 남성보다 더 낮은 곳에 위치하도록 만들고, 나아가 성폭행과 같은 심각한 범죄를 야기할 수 있습니다.

여성에 대한 고정 관념의 위험성

폭력에 익숙해지는 것과 마찬가지로 사람들은 엔터테인먼트 상품이 심어 주는 여성에 대한 고정 관념에도 익숙해질 수 있답니다. 여성을 부정적으로 묘사하는 엔터테인먼트 상품을 많이 접하게 되면 여성을 제대로 존중하지 못하게 될 수도 있습니다. 청소년들은 특히 영향을 받기 쉬운 만큼 더욱 조심해야 하지요.

마찬가지로, 젊은 여성이 이런 고정 관념을 당연하게 받아들이거나 그러한 여성의 이미지를 따라 하는 것 역시 위험합니다. 오직 외모에만 신경 쓰면서 지나치게 수동적이고 섹시하게 보이려고 애쓰게 된다면 말이지요.

그렇다면 엔터테인먼트 매체에서 여성들이 더 똑똑하고 힘 있는 모습으로 그려지면 어떨까요? 사람들의 여성에 대한 인식이 바뀔까요?

사례탐구 **메리다와 마법의 숲**

2012년 개봉한 디즈니와 픽사의 애니메이션인 '메리다와 마법의 숲'의 영어 제목은 'Brave', 즉 용기이다. 이 애니메이션은 일반적인 공주의 이미지와는 다르게 아름답지 않은 주근깨 소녀가 주인공이다. 용감하고 주체적인 메리다가 마법에 걸린 어머니를 위해 모험을 떠나는 이야기로, 큰 인기를 얻었다. 하지만 디즈니가 웹 사이트에 메리다를 디즈니의 11번째 공주로 소개하면서 논란이 생겼다. 원래의 주근깨 소녀 메리다가 아닌 아름다운 드레스를 입고 화장을 한 메리다의 사진을 올렸기 때문이다. 사람들은 강하고 현실적인 공주 메리다가 아니라며 반발했다. 결국 디즈니는 원래의 메리다로 사진을 교체해야 했다. 이 사건은 대중들이 수동적인 여성상이 아닌 강인하고 독립적인 여성상을 담은 엔터테인먼트 상품을 원한다는 것을 보여 준다.

엔터테인먼트 상품에 등장하는 긍정적인 여성상

엔터테인먼트 상품에 등장하는 여성에 대한 긍정적인 **롤모델**도 찾을 수 있다. 예를 들어 크리스티나 아길레라나 앨리샤 키스 같은 가수는 강하고 자신감 넘치는 모습을 보여 준다. 이들은 자신이 가진 외모보다는 재능을 이용하여 인기를 얻는다.

또한 '버피와 뱀파이어 전사 Buffy the Vampire Slayer(1997~2003년)'와 '에일리어스 Alias(2001~2006년)' 같은 텔레비전 프로그램에서는 여자 주인공들이 타인에게 인정받는 지적인 인격체로 그려지고 있다. 여성이 경찰관, 의사, 변호사로 나오는 텔레비전 프로그램과 영화 역시 여성을 더욱 복잡하고 현실적으로 보여 주고 있다.

앨리샤 키스는 성적 매력보다는 뛰어난 음악성으로 더 잘 알려져 있다.

엔터테인먼트 상품 속의 인종 차별

2006년 개봉한 영화 '300'은 스파르타인을 '선하게', 페르시아인을 '악하게' 묘사했다고 비판받았습니다. 백인인 스파르타인은 착하고 멋지지만, 동양인인 페르시아인은 악하고 무능력하게 그려졌다는 것이지요. 이 때문에 많은 관객들이 영화 속 인물 묘사가 인종 차별적이라고 느꼈습니다.

이처럼 엔터테인먼트 상품이 인종 차별적인 고정 관념을 드러내는 것은 걱정스러운 일입니다. 예를 들어 엔터테인먼트 매체에 등장하는 젊은 흑인 남자는 뛰어난 운동선수 아니면 조직 폭력배로, 아시아 사람들은 우등생 아니면 구멍가게 점원으로 묘사되곤 합니다. 또한 영화에 등장하는 테러리스트들은 대부분 아랍인이지요. 마찬가지로 대부분의 이탈리아 사람들이 마피아와 연관된 것으로 나오기도 합니다.

하지만 같은 인종과 민족 출신이라고 해서 모두 다 똑같은 사람들은 아닙니다. 현실을 보면 같은 인종이라도 개인마다 엄청난 차이가 있습니다. 인종과 민족에 대한 고정 관념은 현실의 모습을 보여 주지 않습니다. 고정 관념은 이야기를 빠르게 전개시키고 사람들을 쉽게 웃길 수 있지만, 잘못된 것입니다. 이러한 고정 관념이 심각한 인종 차별과 혐오로 발전할 수 있기 때문입니다.

어떤 사람들을 부당한 모습으로 그리는 것도 옳지 않지만, 누군가를 전혀 보여 주지 않는 것도 그릇된 일입니다. 우리가 늘 접하는 매체에 보이지 않으면 마치 현실에서도 존재하지 않는 것처럼 착각할 수도 있기 때문입니다.

영화 '300'은 스파르타인을 멋지고 선하게 표현한 반면 페르시아인은 악하게 표현하여 비판받았다.

　　보이는 것, 즉 재현의 중요성은 2009년에 개봉한 디즈니 애니메이션 '공주와 개구리 The Princess and The Frog'에 대한 반응에서 분명히 드러났습니다. 이 영화의 주인공 티아나는 디즈니 사상 최초의 흑인 주인공이었어요. 공주와 개구리의 작가인 아프리카계 미국인 롭 에드워즈는 "수많은 나의 친구들이 이 날을 평생 기다려 왔다."며 이 영화가 얼마나 중요한 의미를 갖는지 설명했습니다. 흑인 딸을 둔 엄마들도 기뻐했어요. 흑인 소녀들도 주인공이 될 수 있다는 것을 보여 주었기 때문이지요.

앞서 이야기한 여성에 대한 고정 관념처럼 인종에 대한 고정 관념도 위험한 것입니다. 자신과 다른 사회적 환경에서 자란 사람들과 접촉할 기회가 없는 이들은 엔터테인먼트 상품 속의 이미지를 바탕으로 사람을 판단하기 쉽습니다. 이렇게 해서 인종과 민족에 대한 고정 관념이 심해지면 한 인종을 무차별로 살해하는 대량 학살, 민족 간의 전쟁과 같은 걷잡을 수 없는 불행을 초래할 수도 있습니다. 또한 고정 관념의 피해자들은 자신이 사회적으로 성공할 수 없다고 낙심할 수도 있습니다.

고정 관념의 문제점

많은 사람들이 고정 관념을 가지기 시작하면 여러 문제가 생깁니다. 고정 관념은 사람들을 개인으로 보기 보다는 덩어리로 묶어서 봅니다.

▌'공주와 개구리'는 흑인 소녀에 대한 새로운 롤모델을 보여 주었다.

고정 관념을 가지고 사람을 대하면 편협한 판단을 하기 쉽지요.

우리는 엔터테인먼트 매체를 자주 접하기 때문에, 그 속의 고정 관념과 계속 마주하면 그것에 익숙해질 위험성이 있습니다. 그렇게 되면, 사람들이 각자 독특한 개성을 지닌 개인이 아니라 자신이 알고 있는 고정 관념대로 행동할 것이라 믿게 되지요.

앞으로 엔터테인먼트 상품을 이용할 때, 어떤 배경을 지닌 사람들이 등장하는지 살펴보세요. 그들은 현실의 사람들과 어떤 점이 다른가요? 어떤 사람들이 등장하지 않는지도 생각해 보세요. 부정적인 고정 관념이 위험하듯, 다양한 사람들을 보여 주지 않는 것도 위험한 것은 마찬가지입니다. 그들이 세상에 존재할 가치가 없는 것처럼 생각될 수도 있기 때문입니다.

사례탐구 **고정 관념 깨트리기**

모든 엔터테인먼트 상품이 고정 관념을 만들기만 하는 것은 아니다. 때로는 차별받고 있는 여성이나 인종에 대한 이야기를 다루어 사회의 고정 관념을 깨트리는 역할을 하기도 한다. 예를 들어 2011년 개봉한 엠마 스톤 주연의 영화 '헬프 The Help'가 그러하다. 이 영화는 1960년대 미국, 백인들의 흑인에 대한 인종 차별이 극심했던 시기를 배경으로 백인 여성인 주인공이 흑인 가정부들의 삶을 취재하는 내용이다. 주인공은 흑인 가정부들이 겪은 부당한 대우를 책으로 써서 세상에 알린다. 이 영화를 통해 우리는 당시 흑인에 대한 인종 차별이 심각했다는 사실을 알 수 있으며, 이 것이 얼마나 잘못된 것인지 생각해 보는 기회를 가질 수 있다. 이처럼 엔터테인먼트 상품은 부당한 현실을 꼬집는 데도 사용된다.

다양성 추구하기

 최근 엔터테인먼트 매체에 등장하는 스타들은 인종에 대한 고정 관념을 바꾸는 데 중요한 역할을 하고 있다. 다양한 출신 배경을 가진 사람들이 텔레비전, 영화, 음악 분야에서 스타가 되고 있기 때문이다. 예를 들면 윌 스미스는 아프리카계 미국인으로 세계 최고의 영화배우 가운데 한 명이다. 콜롬비아 출신 가수 샤키라도 세계적으로 이름을 날리고 있다. 또, 2008년 영화 '슬럼독 밀리어네어 Slumdog Millionaire'는 인도계 영국 배우 데브 파텔과 인도 배우 프리다 핀토를 세계적 스타로 만들었다. 이 연기자들은 다양한 배역을 소화해 내면서 인종에 대한 고정 관념을 없애기 위해 노력하고 있다.

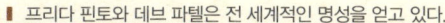

■ 프리다 핀토와 데브 파텔은 전 세계적인 명성을 얻고 있다.

간추려 보기

- 많은 엔터테인먼트 상품이 여성을 수동적이고 성적으로만 보여 주어 이용자들이 여성에 대해 잘못된 고정 관념을 가지게 만들고 있다.
- 일부 엔터테인먼트 상품은 인종과 민족을 지나치게 단순하게 표현하여 특정 집단에 대해 부정적인 이미지를 갖게 만들기도 한다.

엔터테인먼트 산업의 위기 : 불법 복제

CHAPTER

컴퓨터와 인터넷이 대중화되면서 이를 이용해 상품을 복사하고 다른 사람에게 퍼뜨리는 것이 쉬워졌기 때문이지요. 이것을 '저작권 침해'라고도 하는데, 이러한 행위는 남의 물건 을 훔치는 것과 다름없답니다.

오늘날 소비자들은 기술의 발달로 언제 어디서든 엔터테인먼트 상품을 즐길 수 있게 되었습니다. 이에 따라 엔터테인먼트 상품을 잘못된 경로로 이용하는 경우도 늘어 가고 있습니다. 불법 복제가 바로 그 예입니다. 컴퓨터와 인터넷이 대중화되

▌전 세계 어디서든 시장이나 길거리에서 불법 복제한 영화를 파는 사람을 볼 수 있다.

면서 이를 이용해 상품을 복사하고 다른 사람에게 퍼뜨리는 것이 쉬워졌기 때문이지요. 이것을 '**저작권** 침해'라고도 하는데, 이러한 행위는 남의 물건을 훔치는 것과 다름없답니다.

엔터테인먼트 상품의 저작권을 침해한다는 것은 영화 DVD, 비디오 게임, CD, MP3 파일 같은 것들을 불법으로 복사해서 다른 사람과 공유하거나 판매하는 것을 말합니다. 불법 복제를 하는 방법에는 크게 '개인 간 공유(Peer-to-peer sharing)', '암호 풀어서 팔기(Cracked files)', '개조해서 팔기(Modding)', '영화관에서 녹화해서 팔기(Filming in a cinema)' 등이 있습니다.

'개인 간 공유'란 영화 DVD, CD, 비디오 게임 등에 불법 복제를 막기 위해 걸려 있는 암호를 푼 뒤 인터넷에 파일을 올려 다른 사람들이 내려받도록 하는 것입니다. 이러한 '개인 간 공유'는 무료인 경우가 많습니다. 사람들은 그저 재미로, 혹은 다른 사람과 파일을 공유하고 싶어서 불법 복제를 하지요.

어떤 사람들은 암호를 풀어서 복제한 엔터테인먼트 상품을 판매하기도 합니다. 이것이 바로 '암호 풀어서 팔기'이지요. 복사판을 만드는 데는 많은 돈이 들지 않습니다. 그래서 이렇게 만든 불법 복제판은 가게에서 파는 정품보다 훨씬 싼 값에 팔립니다.

또, 어떤 이들은 게임기를 개조하여 **소프트웨어** 암호가 아예 작동하지 않도록 만들기도 합니다. 이렇게 개조한 게임 콘솔에 불법 복제한 게임이나 영상물 등을 담아서 팔기도 하지요. 이것을 '개조해서 팔기'라고 부릅니다.

영화관에서 새로 개봉한 영화를 비디오카메라로 몰래 찍어 파는 것이 가장 손쉬운 불법 복제 방법으로 통하기도 합니다. 이것이 '영화관에서 녹화해서 팔기'인데, 사람들은 극장에서 보는 것보다 저렴하다는 이유로 불법 복제판을 구매하지요.

불법 복제가 주는 피해

불법 복제는 엔터테인먼트 산업에 큰 피해를 주고 있습니다. 2008년 미국과 영국의 영화계는 불법 복제로 1조 원이 훨씬 넘는 피해를 입었다고 주장했습니다. 또한 미국의 비디오 게임 회사들은 매년 불법 복제 때문에 약 3조 7,000억 원의 피해를 입는다고 말합니다. 한편 전 세

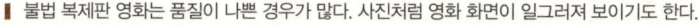

▌ 불법 복제판 영화는 품질이 나쁜 경우가 많다. 사진처럼 영화 화면이 일그러져 보이기도 한다.

계 음악 산업은 불법 복제로 13조 원 가량을 손해 본다고 알려져 있습니다. 우리나라도 예외는 아닙니다. **영상물보호위원회**에 따르면 우리나라에서 발생하는 불법 복제 피해 액수는 2013년 5월 첫 주 동안에만 840억 원에 달한다고 합니다.

불법 복제의 문제점

유명한 영화배우나 가수들은 엔터테인먼트 매체에 출연해서 상상할 수 없을 만큼 많은 돈을 법니다. 영화 제작사, 음반사, 게임 회사 등 엔터테인먼트 산업 역시 막대한 수익을 거두고 있지요. 그 때문에 불법 복제를 가볍게 생각하는 사람들도 있습니다. 그들은 불법 복제를 조금 한다고 해서 엔터테인먼트 산업이 큰 피해를 입겠느냐고 이야기합니다. 불법 복제를 하는 것이 별로 나쁘지 않다고 생각하는 것이지요.

그러나 문제는 그렇게 간단하지 않습니다. 최근 들어서 불법 복제에 조직 폭력배나 테러 집단 같은 범죄 조직이 개입하는 경우가 많아지고 있습니다. 엔터테인먼트 상품을 불법 복제하여 판매하면 많은 돈을 벌 수 있기 때문이지요. 이 경우 우리가 불법 복제판을 사게 되면 그 수익이 범죄자들 손에 들어갈 수도 있습니다.

무엇보다 불법 복제는 법을 어기는 행위입니다. 어떤 사람이 노래, 영화, 비디오 게임 같은 것을 만들면 그것은 제작자의 재산이 됩니다. 이렇게 만들어진 재산에 대한 권리를 가진 사람만이 그것을 마음대로 이용할 수 있고, 그것을 통해서 이익을 얻을 수 있습니다. 법은 이러한 권리를 '지적 재산권'이라 부르지요. 엔터테인먼트 상품을 무단으로 복제하는 것은 제작자의 지적 재산권을 침해하는 것입니다. 즉 다른 사람의 노력이 담긴 재산을 훔치는 것과 같지요.

불법 복제에 대한 처벌

엔터테인먼트 산업에서는 불법 복제로 많은 손해를 보고 있기 때문에 이를 막기 위해 애씁니다. 예를 들어 2009년에 영화 업계는 스웨덴의 웹 사이트 파이러트 베이(Pirate Bay)를 고소했습니다. 이 웹 사이트는 불법 복제판을 직접 판매하지는 않았지만, 사람들에게 그것을 어떤 웹 사이트에서 내려받을 수 있는지 알려 주었습니다. 결국 파이러트 베이는 유죄 판결을 받았고, 운영자에게 징역 1년과 37억 원의 벌금형이 내려졌습니다. 물론 불법 복제를 하는 개인도 처벌을 받고 있습니다. 2009년, 미국 미네소타에 사는 한 여성은 인터넷으로 저작권이 있는 노래 24곡을 공유하여 20억 원에 달하는 벌금형을 받았습니다.

불법 복제를 하는 사람만이 처벌을 받는 것은 아닙니다. 다른 사람이 불법 복제를 한 엔터테인먼트 상품을 이용해도 역시 처벌을 받을 수 있습니다. 하지만 사용자 처벌이 대부분 약한 수준에 그치기 때문에 불법 복제를 방지하는 데 효과적이지 않다는 비판도 있습니다.

불법 복제의 해결책

불법 복제는 엔터테인먼트 산업에서 큰 골칫거리지만, 이에 대한 재미있는 해결책을 제시하는 사람들도 있습니다. 바로 무료 전략이 그것입니다. 엔터테인먼트 상품이 무료라면 그것을 훔칠 일도 없으니까요.

기발한 전략이지요. 그리고 실제로 일부 음악이나 게임을 알리는 데 그 전략이 사용되고 있습니다.

예컨대 가수들이 페이스북(Facebook), 싸이월드, 마이 스페이스(My Space) 같은 **소셜 네트워크 서비스**를 통해 음악을 공유하는 것을 생각해 볼 수 있습니다. 실제로 마이 스페이스는 음악 파일 공유에 적극적으로 활용되고 있습니다. 그뿐만 아니라 가수들이 직접 웹 사이트를 만들어 음악을 무료로 들려 주면서 팬들을 모으기도 해요. 그렇게 해서 가수들이 많은 팬을 모으게 되면 그중에는 무료 파일에 만족하지 않고 음악을 실제로 구매하는 사람들도 생기겠지요.

일단 무료로 배포하고 나중에 돈을 버는 전략은 비디오 게임에도 사용되고 있습니다. 예컨대 제그엑스라는 영국의 게임 회사는 '런 에스케이프'라는 게임을 만들었습니다. 이 게임은 판타지 게임으로, 사용자가 캐릭터를 만들어서 모험을 떠나며 게임 속의 임무를 수행하고, 다른 캐릭터와 싸우기도 하지요. 런에스케이프는 누구나 무료로 내려받아 즐길 수 있습니다. 게임 회사는 무료로 게임을 공개하는 대신 게임 속에

무료 전략

2007년, 영국 밴드 라디오헤드는 음반 판매 전략의 새로운 장을 열었다. 새 음반 '무지개 속에서(In Rainbows)'를 인터넷에 무료로 올린 다음, 값을 치르고 싶은 사람만 원하는 만큼 지불하라고 한 것이다. 이 음반의 판매 전략에 대해 라디오헤드는 "지겨운 불법 복제판을 보다 못해 우리가 먼저 인터넷에 풀기로 했다."는 농담을 하기도 했다.

그 음반은 인터넷에 석 달간 무료로 공개되었다. 놀랍게도 그 기간 동안 라디오헤드는 무려 3백만 장이 넘는 음반을 판매했다. 그룹의 리드 보컬인 톰 요크는 인터뷰에서 이 음반을 통해 과거의 음반 판매량을 다 합친 것보다 더 많은 돈을 벌었다고 말했다. 그 뒤로 트렌트 레즈너를 포함한 많은 가수들이 무료 전략으로 음악을 유통시키고 있다.

라디오 헤드의 실험은 무료로 음반을 공개하는 것이 효과적인 사업 전략이 될 수 있다는 사실을 보여 주었다.

광고를 넣어서 수익을 거두지요. 그리고 사용자들은 추가로 돈을 내면 더 많은 기능을 즐길 수 있습니다. 많은 사람들이 처음에는 무료라서 부담 없이 게임을 시작하지만 나중에는 더 재미있게 즐기기 위해 돈을 내게 됩니다. 퍽 효과적인 무료 전략인 셈이지요.

찬성 VS 반대

사실 불법 다운로드 때문에 가요계에 위기가 찾아온 것이다. 이걸 해결해야 하는 것이 가요계에 가장 선행되어야 할 문제다. 정부가 나서서 단속을 대대적으로 해 준다면 좋겠지만 정부는 관심이 없는 것 같다. 불법 다운로드는 정말 가요계의 위기를 초래한 큰 문제고 해결되어야 할 문제다.

― 박진영 가수

저는 불법 복제라는 개념을 이해하지 못하겠어요. 그 누구도 당신의 음악을 복제하고 싶어 하지 않는다면 그것이 더 두려운 것이 아닐까요? 제 음악이 인터넷에 버젓이 올라가 있는데 아무도 관심을 갖지 않고 조회수 1이란 초라한 기록이거나 그 누구도 불법 다운로드를 하지 않는 상황이 더 무서워요. 불법 다운로드를 하고 싶다면 가져가서 들으라고 할 거예요. 음악을 듣고 인생을 풍성하게 채우라고 말하고 싶어요. 저는 그걸로 만족해요. 오히려 아무도 듣고 싶어 하지 않는다면 그게 더 기분이 나쁠 것 같아요.

― 윌.아이.엠 가수

간추려 보기

- 최근 엔터테인먼트 산업은 불법 복제 때문에 몸살을 앓고 있다.
- 일부 제작자들은 엔터테인먼트 상품을 무료로 배포하여 인기를 얻고 있다.

6

CHAPTER

광고, 위기의 대안일까?

우리는 매달 인터넷을 사용하기 위해 통신 요금을 내지만, 웹 사이트 운영자가 그 돈을 가져가지는 않지요. 광고주들은 엔터테인먼트 상품에 광고를 하는 대가로 광고료를 지불합니다. 그 광고료로 많은 엔터테인먼트 회사들이 운영되지요.

현대인들은 엔터테인먼트 상품을 무료로 사용하는 것에 익숙합니다. 그 때문에 상품을 제작하는 데 많은 비용이 든다는 사실을 잊기 쉽습니다. 하지만 제작자들은 상품을 만드는데 쓰인 비용을 되찾고 가능한 더 큰 수익을 내고 싶어 합니다.

대부분의 제작자는 영화 입장권, 비디오 게임, MP3 음악 파일 등을 판매하여 돈을 법니다. 하지만 텔레비전이나 인터넷 같은 엔터테인먼트 매체는 다릅니다. 공영 방송은 사람들에게 수신료를 거두어 방송국을 운영하지만 SBS 같은 **상업 방송**은 광고 수익을 위주로 운영됩니다. 웹 사이트도 마찬가지입니다. 우리는 매달 인터넷을 사용하기 위해 통신 요금을 내지만, 웹 사이트 운영자가 그 돈을 가져가지는 않지요. 광고주들은 엔터테인먼트 상품에 광고를 하는 대가로 광고료를 지불합니다. 그 광고료로 많은 엔터테인먼트 회사들이 운영되지요.

제품 간접 광고

광고주들은 항상 소비자에게 다가갈 방법을 찾고 있습니다. 그중 꽤 성공한 광고 전략은 제품 간접 광고(PPL, Product Placement)입니다. 제품 간접 광고란 엔터테인먼트 상품 속에 특정 회사의 상품을 자연스럽게 출연시켜 광고 효과를 노리는 것입니다. 회사들은 자기 회사의 상품을 영화, 뮤직 비디오, 비디오 게임 등에 나오도록 하기 위해 많은 돈을 지불하지요.

광고주가 제품 간접 광고를 하는 이유는 무엇일까요? 그것은 소비자가 자신도 모르는 사이에 회사의 제품과 상표를 편안하고 익숙하게 느끼도록 만들기 위해서입니다. 그렇게 되면 소비자들이 회사에 대해 좋은 이미지를 가지게 되어 매출이 상승할 수 있겠지요. 또 광고주들은 유명 스타나 캐릭터가 자신의 상품을 사용하는 것을 보여 주어 대중이 그것을 가지고 싶어 하도록 만듭니다. 평범한 광고는 소비자들이 광고라는 사실을 금방 알아채지만, 제품 간접 광고는 엔터테인먼트 상품 속에서 은근슬쩍 제품을 보여 주기 때문에 잘 드러나지 않아요.

제품 간접 광고를 허락하지 않는 나라도 있습니다. 영국 정부는 2010년 이전까지는 텔레비전 방송에 제품 간접 광고를 할 수 없도록 했습니다. 그러다 불경기가 지속되자 방송사가 광고 유치를 쉽게 할 수 있도록 규제를 일부 완화했지요. 그래서 현재는 상업 방송에서는 제품 간접 광고를 할 수 있어요. 물론 공영 방송인 BBC는 여전히 제품 간접 광고를 할 수 없습니다.

이제 텔레비전 프로그램뿐만 아니라 비디오 게임 속에서도 제품 간접 광고를 쉽게 찾아볼 수 있어요. 예를 들어 '심즈'라는 게임에서 캐릭터가 스타벅스나 맥도날드 같은 곳에 갈 수 있는 것처럼 말이에요. 게임을 할 때 얼마나 자주 제품 간접 광고를 보게 되나요? 이제 현실에서뿐만 아니라 가상세계에서도 광고를 주의 깊게 살펴봐야 합니다.

영화 'E.T.'는 간접 광고 사례로도 잘 알려져 있다. '리시스 피시스 (Reese's Pieces)'라는 과자를 영화 속에서 보여 주자 판매량이 크게 늘었다.

우리가 즐겨 하는 비디오 게임 속에도 간접 광고가 숨겨져 있다.

숨은 간접 광고

이제 영화나 텔레비전, 비디오 게임의 배경에 보이는 상품이나 등장 인물이 쓰는 물건을 잘 살펴보세요. 간접 광고가 얼마나 많은지 알게 될 것입니다. 하지만 전혀 광고처럼 보이지 않는 광고도 많답니다. 다음과 같은 경우를 특히 유의해서 지켜보세요.

• 등장인물이 상표 이름을 직접 말하는 경우. 예를 들어 극중 인물이 어디 가 서 장을 보자고 하거나, 어느 식당에 가서 밥을 먹자고 말하는 경우가 여기 해당합니다.
• 등장인물 1명 이상이 같은 상표의 물건을 보여 줄 때. 예컨대 계속해서 같

은 상표의 청량음료를 마시거나 특정 회사의 컴퓨터를 쓸 때 의심해 볼 필요가 있습니다.

- 카메라의 초점이 상품에 맞춰질 때. 예를 들어 광고판이나 가게 진열장에 찍힌 상표명이 대화하는 등장인물들의 머리 뒤로 보일 때 간접 광고일 가능성이 높아요.

위와 같은 경우에 그 엔터테인먼트 상품이 제품 간접 광고를 담고 있다는 것을 알 수 있습니다.

제품 간접 광고의 문제점

제품 간접 광고를 하기 위해서 광고주들은 많은 돈을 엔터테인먼트 회사에 지불합니다. 회사의 제품을 화면에 노출하는 조건으로 5천만 원에서 많게는 10억 원 이상의 돈을 지불하기도 하지요. 광고주가 광고 비용으로 많은 돈을 지불하면, 광고료가 상품을 만드는 비용에 포함되어 자연스럽게 물건 가격이 상승할 수밖에 없습니다. 그리고 이러한 부담은 고스란히 소비자가 안게 되지요. 또한 자신도 모르는 사이에 광고에 노출되어 그 제품을 사고 싶어질 수도 있습니다.

엔터테인먼트 상품의 제작자 역시 제품 간접 광고로 피해를 입기도 합니다. 제작자들은 광고료를 이용하여 작품을 제작합니다. 광고주들은 제품 간접 광고에 많은 돈을 투자했기 때문에 제품이 효과적으로 노출되기를 기대하지요. 하지만 억지로 제품을 보여 주려 하다 보면 이야기 진행이 어색해지고 작품의 질이 떨어지기도 합니다. 광고주의 간섭

이 창작 활동을 방해하는 결과를 가져오는 것이지요.

불법 복제 때문에 엔터테인먼트 산업은 경제적으로 큰 피해를 입고 있습니다. 이러한 엔터테인먼트 산업의 위기는 광고주의 영향력을 크게 만들 수밖에 없습니다. 광고 수입이 엔터테인먼트 상품을 제작하고 회사를 운영하는 데 큰 도움이 되기 때문이지요. 하지만 제품 간접 광고가 과연 엔터테인먼트 산업의 위기를 해결할 수 있는 대안일까요?

찬성 VS 반대

PPL이 과도하게 등장하다 보니 어떤 때는 드라마가 아닌, 스토리텔링 기법이 도입된 광고를 보는 것 같은 착각이 든다. 이런 상황이 지속되면 드라마가 영상 예술로서의 가치를 잃어버릴 수도 있다.

— 윤석진 충남대학교 국문학과 교수

출연료라든지 아니면 작가료 이런 것들이 많이 상승하고 제작비가 굉장히 올랐지 않습니까? 간접 광고와 협찬의 수익이 상당 부분 제작비를 충당하면서, 앞으로 우리 한류 문화가 해외로 나갈 수 있는 하나의 좋은 드라마를 제작하는 데 기여할 수 있는 부분도 분명히 있다고 봅니다.

— 문철수 한신대학교 미디어영상광고홍보학부 교수

다양한 홍보 방법

제품 간접 광고 외에도 회사가 제품을 홍보하는 방법은 다양합니다. 그중 하나는 인터넷을 이용하는 것입니다. 많은 사람들이 즐겨 찾는 **블로그**나 웹 사이트에 제품에 대한 소개나 평을 올리는 것이지요. 광고주들은 인기 있는 블로그 운영자에게 제품을 무료로 제공하는 대신 좋은 후기를 게시해 달라고 요청합니다. 때로는 회사가 제품을 알릴 사람을 직접 뽑아서 다양한 인터넷 홍보 활동을 부탁하기도 하지요. 심지어 회사의 홍보 담당자가 평범한 소비자인 것처럼 속이고 제품 사용 후기를 올리는 경우도 있습니다. 많은 사람들이 인터넷을 쓰고 있고, 회사 광고보다 소비자의 입소문이 더 큰 믿음을 줄 수 있다는 생각에 이런 일을 벌이는 것이지요. 이를 **바이럴 마케팅**(Viral Marketing)이라고 하지요. 인터넷 후기 가운데는 객관적인 정보로 도움을 주는 것도 있지만, 제품의 단점은 감추고 장점만을 부풀린 것도 있기 때문에 주의해야 합니다. 그래서 소비자들은 인터넷에 올라온 후기들을 맹신하지 말고 현명하게 판단해야 합니다.

홍보에 대처하는 방법

엔터테인먼트 산업은 인터넷을 통한 입소문의 힘을 잘 알고 있습니다. 그렇기 때문에 사람들에게 돈을 주어 블로그, 채팅방, 인터넷 상점 등에 회사에 대해 좋은 평을 남기도록 부탁하는 것이지요.

하지만 이런 식의 홍보 방법은 부작용을 겪기도 합니다. 예를 들어 2006년에 비디오 게임 팬들은 "이번 크리스마스 선물로 플레이스테이션 게임기를 받고 싶다."는 내용이 쓰인 블로그를 발견했어요. 그 블로

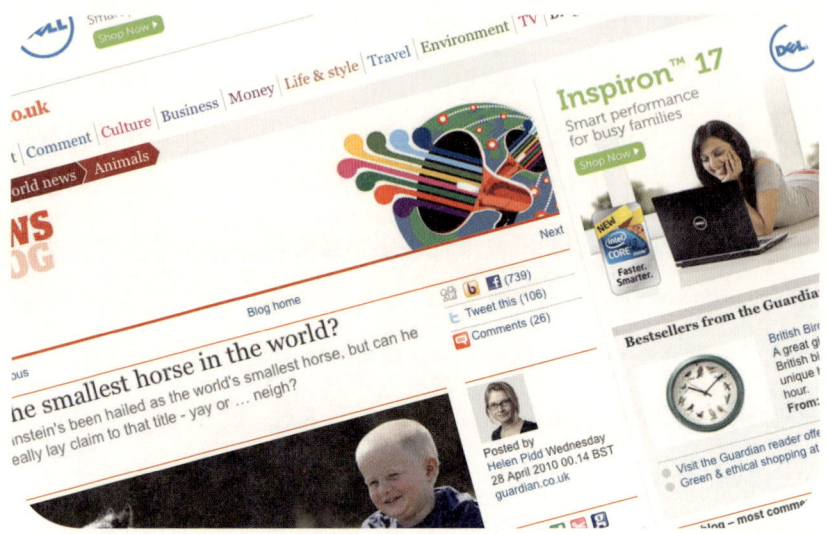

▍ 인터넷을 통한 광고가 점차 확대되고 있다.

그는 얼핏 소니의 플레이스테이션 애호가가 운영하는 블로그처럼 보였지요. 하지만 결국 그 블로그를 소니가 직접 운영한다는 것이 밝혀졌지요. 많은 사람들은 소니에 실망하여 이를 비판했어요.

회사가 인터넷에 올린 상품평을 알아채기는 쉽지 않습니다. 그러나 의심할 만한 몇 가지 단서가 있기는 해요. 예를 들어 어떤 제품의 평이 대체로 나쁜데 갑자기 아주 좋다며 극찬하는 평이 한두 개 등장하면 의심해 볼 필요가 있어요. 이런 경우는 제품의 평점을 끌어올리기 위해서 회사가 좋은 평을 추가한 것일 수 있기 때문이에요. 또한 보통 사람들이 쓴 것보다 더 격식을 차린 느낌이 드는 평이나, 과장되고 지나친 표현을 써 가며 제품을 칭찬하는 평도 조심하는 게 좋아요. 근거 없는 주장을 펴는 평도 마찬가지이지요. 인터넷에 올라와 있는 평이 사실인지 아닌지 확실치 않으면 다른 사이트에 있는 평도 참고하는 것이 좋은 방법입니다.

한편 기술의 발달로 소비자들은 광고를 피할 수도 있게 되었습니다. 예를 들어 최근에는 디지털 비디오 리코더(DVR)를 이용해 광고를 건너뛰고 텔레비전 방송을 녹화할 수 있어요. 또한 웹 사이트의 광고가 거슬리는 사람을 위해 광고를 차단하는 '애드블록(Adblock)' 같은 프로그램이 개발되기도 했어요. 이런 프로그램은 광고에 방해받지 않고 웹 사이트를 볼 수 있게 해 준답니다.

간추려 보기

- 불법 복제로 위기를 겪는 엔터테인먼트 산업은 위기의 대안으로 광고를 선택하고 있다.
- 광고는 엔터테인먼트 상품 제작자에게 막대한 비용을 지불하고 있다. 하지만 이것은 오히려 상품의 품질을 떨어트리고 소비자들을 현혹시키는 결과를 낳을 수도 있다.

7

CHAPTER

엔터테인먼트 산업의 미래

엔터테인먼트 혁명에 우려되는 점이 있는 것은 사실이지만, 이를 늘 부정적으로 바라봐
야 할 필요는 없어요. 발전된 기술이 새로운 형태의 엔터테인먼트 상품을 만들어 내고 있
으며, 이것을 즐기는 다양한 엔터테인먼트 매체들을 창조해 내고 있기 때문이지요. 이 모
든 것은 20년 전만 해도 상상조차 못했던 것들입니다.

오늘날 우리는 매일 새로운 엔터테인먼트 상품과 매체들이 빠르게 생겨나는 일명 엔터테인먼트 혁명을 겪고 있습니다. 어떤 사람들은 이러한 엔터테인먼트 혁명에 대해 걱정합니다. 그들은 사람들, 특히 청소년들이 책을 보거나 밖에서 뛰어놀지 않고 텔레비전, 비디오 게임기, 컴퓨터 앞에서 엄청난 시간을 보내게 될까 봐 걱정하지요. 엔터테인먼트 매체와 보내는 시간이 늘수록 다른 일에 쓰는 시간들, 예컨대 친구와 대화하거나 야외 활동을 하는 시간이 줄 수밖에 없으니까요.

또한 전문가들은 사람들이 엔터테인먼트 상품을 수동적으로 이용하는 경향에 대해서도 걱정합니다. 많은 사람들은 엔터테인먼트 상품의 가치가 있는지 없는지, 그것이 어떤 교훈을 주는지를 생각하기보다는 그저 아무 생각 없이 엔터테인먼트 상품을 이용하기 때문이지요. 한편 어떤 사람들은 텔레비전을 비롯한 많은 엔터테인먼트 매체가 연예인의 자질구레한 사생활을 공개하는 등 무가치한 방송을 내보내고 있다고 비판합니다.

엔터테인먼트 산업의 긍정적 효과

엔터테인먼트 혁명에 우려되는 점이 있는 것은 사실이지만, 이를 늘 부정적으로 바라봐야 할 필요는 없어요. 발전된 기술이 새로운 형태의 엔터테인먼트 상품을 만들어 내고 있으며, 이것을 즐기는 다양한 엔터테인먼트 매체들을 창조해 내고 있기 때문이지요. 이 모든 것은 20년 전만 해도 상상조차 못했던 것들입니다.

엔터테인먼트 산업의 또 다른 멋진 변화가 있습니다. 인터넷을 통한 교류이지요. 인터넷에 얼마나 많은 웹 사이트가 있는지 생각해 보세요.

사례탐구 인터넷으로 연예인 되기

예전에는 가수로 성공하려면 대형 음반사와 계약을 맺어야 했다. 그러나 최근에 나타난 변화로 상황은 크게 달라졌다. 페이스북이나 마이 스페이스, 트위터(Twitter) 같은 소셜 네트워크 서비스와 유튜브(YouTube) 같은 동영상 공유 사이트 덕분에 많은 가수들이 음반사의 도움 없이 이름을 알릴 수 있게 된 것이다. 예를 들어 영국 가수 릴리 앨런은 20세가 되던 2005년에 자신이 쓰고 녹음한 노래를 마이 스페이스에 올렸다. 그러자 음악을 듣기 위해 수만 명이 사이트를 찾아왔고 릴리 앨런은 그 뒤 가수로 크게 성공했다.

릴리 앨런이 이름을 날리게 된 데에는 인터넷의 힘이 컸다. 사람들은 웹 사이트 게시판에 자신이 좋아하는 음악에 대해서 이야기하고 다른 사람에게 이를 알리기도 한다. 이러한 입소문을 거쳐 무명 연예인들도 유명해지는 것이다.

2002년에 나온 공상과학 영화 '마이너리티 리포트 Minority Report'는 손을 움직여 화면을
조작할 수 있는 미래의 기술을 선보였다.

사람들은 웹 사이트에서 필요한 정보를 마음껏 얻을 수 있습니다. 그것
이 영화든, 비디오 게임이든, 힙합 음악이든 무엇이든지요. 그리고 인
터넷을 통해 지구 반대편의 사람과도 친구가 될 수 있습니다. 이처럼 우
리들은 엔터테인먼트 혁명에 적극적으로 참여하고 있답니다.

미래의 기술

기술의 변화는 엔터테인먼트 혁명에 관한 가장 흥미진진한 부분일
것입니다. 단 20년 전만 해도 MP3나 MP3 플레이어는 존재하지 않았
어요. 우리가 지금 쓰고 있는 인터넷도 존재하지 않았습니다. 물론 휴

대전화도 없고 스마트폰도 없었지요. 하지만 20년 동안 세계는 급속도로 변화했습니다. 그렇다면 앞으로 20년 뒤에는 어떤 기술이 나타날까요?

역사는 기술이 발달하면 더 많은 것을 할 수 있다는 사실을 보여 줍니다. 엔터테인먼트 매체는 크기가 점점 작아지고 많은 기술들이 하나로 합쳐지고 있습니다. 결국 작은 장치 하나가 놀라울 정도로 다양한 기능을 갖는 방향으로 기술이 발전하고 있는 것이지요.

우리는 이미 '엑스박스'나 '플레이스테이션' 같은 비디오 게임기를 통해서 음악을 듣고 영화를 볼 수 있으며, 인터넷도 사용할 수 있습니다. 미래의 엔터테인먼트 매체는 이것보다 더 많은 기능을 가지게 될지 모릅니다. '아이패드' 같은 **태블릿 PC**나 '킨들' 같은 기계는 책부터 게임, 영화까지 이용할 수 있는 주요 매체로 발전하고 있어요.

또한 엔터테인먼트 매체들은 휴대하기 편하도록 우리 몸과 더욱 친밀해질 것입니다. 음악을 듣고 전화를 할 때 이어폰을 사용하는 것뿐만 아니라 전자 안경을 쓰고 영화를 보고 게임도 할 수 있게 되었지요. 우리는 전자 안경을 쓰고 보다 실감 나는 영화를 보고 게임을 할 수 있게 되었어요. 전자 안경의 개발은 엔터테인먼트 매체를 입거나 쓰는 기술이 앞으로 더욱 발전할 것이라는 증거입니다. 사람 몸에 부착하는 장치들은 아직 완전하게 발전하지 않았지만, 곧 보편화될 것으로 보입니다.

영화의 미래

영화 분야에서도 기술은 항상 발전해 왔습니다. 2009년에 개봉한 영화 '아바타'에는 최신 디지털 3차원 **입체 영상**과 컴퓨터 그래픽(CGI)뿐 아니라, '모션 캡처' 기술도 사용되었습니다. 모션 캡처는 실제 사람의 동작을 포착해 그것을 컴퓨터 그래픽 속 인물로 만드는 기술입니다. 모션 캡쳐 기술을 사용하면 더욱 자연스럽고 사실적인 애니메이션을 만들 수 있답니다. 많은 전문가들은 이 영화가 영화의 미래를 보여 주었다고 평가했습니다. 또한 이제 우리는 영화의 시각적인 효과뿐만 아니라 후각적, 촉각적인 효과까지 느낄 수 있게 되었어요. 특수 제작된 의자를 이용하여 영화를 관람하고 있는 관객에게 물을 뿌린다거나, 냄새를 맡을 수 있도록 하는 것처럼 말이에요.

마이크로소프트의 '프로젝트 나탈'은 영화 '마이너리티 리포트'에 나온 기술을 현실화한 것처럼 보인다.

차세대 비디오 게임

비디오 게임은 어떻게 변화할까요? 마이크로소프트의 '프로젝트 나탈'은 조종기가 필요 없습니다. 카메라를 이용해서 사용자의 움직임을 읽기 때문입니다. 사용자의 움직임이 그대로 텔레비전 화면 위에 아바

'스타워즈 Star Wars' 시리즈처럼 성공한 영화는 장난감이나 게임처럼 관련 상품을 팔아 많은 돈을 벌 수 있다.

타가 움직이는 것으로 나타나지요. 닌텐도를 비롯한 다른 게임 회사들도 비슷한 기술을 개발하고 있어요.

융합

영화 '스파이더맨 Spider-Man' 시리즈를 본 적이 있나요? 스파이더맨은 만화책이 원작이지만 우리는 이것을 영화, 비디오 게임, 장난감 등 다양한 형태로 만나 볼 수 있습니다. 이처럼 최근 엔터테인먼트 산업에서는 융합이 유행하고 있고, 앞으로도 이런 추세가 계속될 것으로 보입니다. 융합이란 하나로 합쳐지는 것을 의미해요. '레지던트 이블 Resident Evil' 시리즈와 같이 비디오 게임을 영화로 만드는 것도 융합의 예이지요. 반대로 '스타워즈 Star Wars' 시리즈처럼 영화를 비디오 게임

사례탐구 원 소스 멀티 유즈

원 소스 멀티 유즈(One-Source Multi-Use)란 하나의 재료, 즉 소 주제를 이용하여 여러 형태의 엔터테인먼트 상품으로 확장시키는 것을 의미한다. 엔터테인먼트 상품의 융합을 나타내는 말로, 2003년 EBS에서 방영된 애니메이션 '뽀롱뽀롱 뽀로로'가 그 대표적인 예이다. 뽀롱뽀롱 뽀로로는 애니메이션으로 어린이들에게 큰 호응을 얻은 뒤에 영화, 게임, 테마 파크, 어린이용 캐릭터 상품 등으로 영역을 확장시켰다. 2009년 산업통상진흥원이 발표한 바에 따르면 뽀롱뽀롱 뽀로로의 가치는 3,893억 원이라고 한다. 이처럼 엔터테인먼트 상품의 융합은 많은 경제적 이익을 가져올 수 있다.

으로 만드는 것도 융합이라고 할 수 있어요.

융합은 효과적인 전략입니다. 새로운 엔터테인먼트 상품을 개발하려면 많은 비용이 필요합니다. 하지만 스파이더맨처럼 이미 존재하는 캐릭터나 이야기를 사용하면 더 적은 비용이 들겠지요. 하나의 성공한 주제만 있다면 그것을 발전시킬 무궁무진한 방법이 있는 것입니다.

엔터테인먼트 상품의 가격

앞으로 사람들이 엔터테인먼트 상품을 어떻게 구매할 것인가도 중요한 문제입니다. 일부 전문가들은 미래에는 컴퓨터 프로그램이나 비디오 게임과 같은 엔터테인먼트 상품들이 거의 무료로 배포될 것이라고 예상합니다. 그렇게 되면 불법 복제는 별 문제가 되지 않겠지요. 하지만 사람들은 무료로 엔터테인먼트 상품을 즐기는 대신 광고를 보아야할 것입니다. 엔터테인먼트 매체는 광고를 실어 주는 대가로 회사에게서 돈을 받고요. 광고주는 사람들에게 광고를 보게 할 여러 가지 방법을 생각해 낼 것입니다. 한편 사용자들은 돈을 내고 광고를 건너뛰거나, 더 나은 엔터테인먼트 상품을 즐기게 될 수도 있어요.

엔터테인먼트 산업의 신나는 미래

분명한 사실은 엔터테인먼트 산업에서 신 나는 새로운 변화가 우리들의 눈앞에 펼쳐지고 있다는 것입니다. 그리고 우리들은 이러한 엔터테인먼트 혁명의 중심에 서서 수많은 긍정적인 교류, 경험, 아이디어를 누릴 수 있게 될 것입니다.

하지만 이런 엔터테인먼트 상품과 매체를 사용할 때 조심해야 한다는 것도 잊지 말아야 합니다. 수많은 종류의 엔터테인먼트 상품에 압도되어 우리에게 다가오는 모든 것을 수동적으로 받아들이면 위험해요. 우리는 스스로 필요하고 가치 있다고 생각하는 것을 선택해야 합니다.

엔터테인먼트 상품을 즐기기에 앞서 질문을 던져 보세요. 이런 상품들이 만들어지는 이유는 무엇인지, 그것이 무엇을 보여 주고 있으며, 무엇을 보여 주고 있지 않은지, 그 속에 무엇이 숨겨 있는지 말이에요. 그리고 엔터테인먼트 상품이 사회적으로 어떤 영향을 미치는지도 생각해 봅시다. 폭력적인 장면이나 불법 복제가 미치는 영향 등에 대해서 말이지요.

▌ 엔터테인먼트 매체를 사용할 때 비판적인 소비자가 되어야 한다는 사실을 기억해야 한다.

엔터테인먼트 산업은 즐거움과 관련되어 있으며, 또 당연히 그래야 합니다. 현명한 소비자가 될 때, 앞으로 펼쳐질 흥미로운 세계의 당당한 주역이 될 수 있어요.

간추려 보기

• 엔터테인먼트 산업은 계속 발전해 왔고 더욱 다양한 형태로 진화할 것이다.
• 엔터테인먼트 상품과 매체를 효과적으로 이용하기 위해서는 항상 주체적으로 생각하는 태도가 필요하다.

연표

1440년	독일 발명가인 요하네스 구텐베르크가 인쇄기를 발명했다. 처음으로 책과 문서가 대량으로 인쇄되어 보급되었다.
1890년대	축음기와 전축이 발명되어 사람들이 녹음된 음악을 들을 수 있게 되었다. 영화가 엔터테인먼트 매체로 발전했다.
1920년대	라디오 방송국이 프로그램을 방송하기 시작했다. 영화에 소리가 들어가기 시작했다.
1930년대	흑백이었던 영화에 색이 사용되기 시작했다. 영국 BBC 방송이 1936년에 첫 방송을 내보냈다. 하지만 1938년까지 팔린 텔레비전 수상기 수는 5천 대밖에 되지 않았다.
1950년대	텔레비전이 수많은 가정에서 가장 중요한 엔터테인먼트 매체로 자리 잡았다. 1953년에 엘리자베스 여왕 2세의 즉위식이 방송된 뒤 텔레비전이 더욱 인기를 끌었다.
1960년대	카세트테이프와 카세트 플레이어가 등장해 사람들이 간편하게 음악을 들을 수 있게 되었다.

1970년대

전자오락실이 인기를 끌었다.

가정용 게임기가 개발되었다.

개인용 컴퓨터의 가격이 저렴해져서 많은 사람이 집에 컴퓨터를 가질 수 있게 되었다.

비디오카세트와 비디오테이프리코더(VCR)가 개발되어 사람들이 텔레비전 방송을 녹화할 수도 있고, 집에서 영화도 볼 수 있게 되었다.

1980년대

위성 텔레비전이 등장해 시청자가 선택할 수 있는 채널수를 대폭 늘려 놓았다.

CD와 CD 플레이어가 나와서 사람들이 이전보다 훨씬 좋은 음질의 음악을 들을 수 있게 되었다.

1990년대

DVD와 DVD 플레이어가 등장해서 사람들이 고화질의 영상을 텔레비전과 컴퓨터로 볼 수 있게 되었다.

디지털비디오리코더(DVR)가 텔레비전 방송 녹화의 새 장을 열었다.

인터넷이 전 세계 사람들의 정보와 엔터테인먼트 상품을 나누는 수단으로 발전했다.

컴퓨터 그래픽이 컴퓨터 게임의 장면들을 더 화려하고 실감나게 만들었고, 사용자들이 게임에 참여하는 방식을 바꿔 놓았다.

MP3 파일이 개발되어 사람들이 인터넷으로 음악을 사고 공유할 수 있게 해 주었다.

2000년대

컴퓨터 그래픽(CGI) 등의 특수효과가 영화의 모습을 바꿔 놓았다.

소셜 네트워크 서비스가 등장해서 사람들이 음악을 공유하고 엔터테인먼트 매체에 의해 의견

을 주고받을 수 있게 되었다.
불법 복제가 많아져 엔터테인
먼트 상품 제조업체에 피해를
입혔다.
비디오 게임이 엔터테인먼트 산업
에서 가장 수익을 많이 내는 상품이
되었다.
전자책이 인기를 얻게 되어 많은 사람들이 태
블릿 화면으로 책과 잡지를 읽게 되었다.
블루레이와 블루레이 플레이어가 선을 보여 엔터테인먼트 영상 매
체의 화질과 음질을 크게 개선했다.
'닌텐도 위'와 같은 다양한 가정용 게임기가 등장하여 사람들이 더
욱 재밌게 비디오 게임을 즐길 수 있게 되었다.
스마트폰이 보급되어 사람들이 집 밖에서도 정보와 엔터테인먼트
상품을 접할 수 있게 되었다.
게임이 단순한 여가 활동을 넘어서 스포츠의 영역으로 자리 잡으면
서 게임이라는 엔터테인먼트 상품이 더욱 활성화되었다.

2010년대   최초의 3차원 입체(3D) 텔레비전이 판매되기 시작했다.
아이폰을 통해 스마트폰의 대중화를 이뤄 낸 애플의 스티브 잡스
가 사망했다.
유튜브에서 싸이가 '강남 스타일'로 최다 조회수 15억을 기록하
여 인터넷을 통한 엔터테인먼트 상품의 폭발적인 성공을 보여주
었다.
소셜 네트워크 서비스인 페이스북의 이용자가 11억 명을 돌파하면
서 본격적으로 인터넷을 통한 소통의 시대가 열렸다.

용어 설명

CD(콤팩트디스크, Compact Disk) 대량의 디지털 정보를 기록할 수 있는 컴퓨터의 외부 기억 장치. 음악과 같은 음성 데이터의 보관을 위해 만들어졌지만 그뿐만 아니라 동영상, 컴퓨터 데이터, 사진, 각종 소프트웨어 등도 저장할 수 있다는 장점이 있다.

MP3(MPEG-1 Audio Layer-3) 오디오용 컴퓨터 파일로 원래는 영상을 압축하는 기술인 MPEG 기술에서 음성 데이터만 압축한 기술. MP3는 오디오의 좋은 음질을 유지하면서도 데이터의 꼭 필요한 부분만을 남기고 불필요한 부분을 삭제하여 용량을 줄인 파일이다.

둔감화 또는 탈감각화 자극에 대한 반응이 둔해지거나 무감각해지는 현상. 감각이 둔해지면 웬만한 자극에도 두려움, 슬픔, 기쁨, 등의 심리적 반응을 보이지 않게 되고, 다른 사람의 고통에 공감하는 능력까지 잃을 수 있다.

등급제 어린이와 청소년에게 유해한 영향을 끼칠 수 있는 폭력성, 선정성 등을 판단하여 등급을 매기고 이를 통해 소비자의 선택을 돕고자 하는 정책.

디지털 비디오 리코더(DVR, Digital Video Recorder) 디지털 영상 저장 장치. 비디오테이프리코더의 단점을 극복하기 위해 아날로그 신호를 디지털 신호로 전환하여 녹화하는 방식을 이용한다.

디지털비디오디스크(DVD, Digital Video Disc) 비디오테이프보다 더 큰 용량을 가진 기억 장치. 화상 압축 기술과 음성 압축 기술을 활용하여 고화질, 고음질의 파일을 저장할 수 있다.

롤모델 사람이 어떠한 행위를 할 때 따르는 모범이 되는 대상.

민족 공동생활을 통해 역사, 문화, 풍습 등을 공유하고 있는 문화 공동체. 구성원들 간의 집단에 대한 인식을 포함하는 집단의 최대 단위다.

바이럴 마케팅(Viral Marketing) 인터넷에서 제품을 홍보하는 방법. 회사가 제품을 광고하면 이것이 인터넷을 통해 빠르게 사용자들 사이에 바이러스처럼 빠르게 번진다고 해서 이름 붙여졌다. 다른 말로 '입소문'이라고 한다.

버라이어티 쇼 이전의 무대 예술의 주요 요소가 음악이었던 것과는 다르게 노래, 코미디, 춤, 연기, 개그, 묘기 등 다양한 요소들이 복합적으로 결합되어 진행되는 무대 예술.

블로그(Blog) 일기처럼 사용자가 자신의 관심사에 따라 자유롭게 글을 게시하는 사이트로, 홈페이지와 게시판의 기능이 혼합되어 있는 공간. 이러한 블로그는 최근에 들어서 1인 미디어로 기능하고 있다.

블루레이 디지털비디오디스크보다 약 5배를 더 저장할 수 있는 대용량 광디스크. 붉은빛의 적외선 레이저를 쓰는 DVD와는 달리 푸른색 레이저로 기록하고 재생하기 때문에 이러한 이름이 붙었다.

비디오테이프리코더(VCR/VTR, Video Tape Recorder) 영상이나 소리를 테이프에 기록하는 장치. VCR이라고도 부른다. 테이프에는 자성이 있는 띠가 둘러져 있는데 자료 처리가 느리다는 단점이 있다.

산업 재화나 서비스를 생산하는 기업이나 조직. 눈에 보이는 것들의 생산뿐만 아니라 눈에 보이지 않는 것들의 생산도 모두 산업에 포함되며 이를 통해 경제적 이익을 창출해 낸다.

상업 방송 공영 방송과 달리 민간이 소유한 방송국. 대개 광고를 통해 재원을 충당한다.

성차별 한 성에 대한 다른 성의 차별적인 관행. 역사적으로 성차별은 여성의 남성에 대한 성차별보다는 남성의 여성에 대한 성차별이 더 잦았는데, 이러한 성차별의 예는 여성이 고용 시장에서 남성에 비해 도태되거나, 정치권의 배제, 여성에 대한 근거 없는 폭력적 언사, 남아 선호 사상 등이 있다.

소비자 사업자가 제공하는 재화나 서비스를 구매하고, 사용하는 모든 사람. 이러한 소비자는 시장 경제에서 없어서는 안 될 중요한 요소다.

소셜 네트워크 서비스(Social Network Service) 사람들의 사회적인 관계망을 구축해 주는 인터넷 서비스. 이러한 소셜 네트워크 서비스를 통해 인터넷상에서 다양한 사람들과 소통할 수 있으며 사회적인 관계를 맺을 수 있다. 예를 들어 페이스북, 트위터 등이 대표적인 소셜 네트워크 서비스다.

소프트웨어(Software) 컴퓨터의 구성 요소. 컴퓨터를 구성하고 있는 장치는 크게 소프트웨어와 하드웨어로 나뉘는데 하드웨어가 모니터, 본체와 같은 유형적인 구성 장치를 의미한다면 소프트웨어는 무형인 프로그램을 의미한다. 이러한 소프트웨어는 단순한 운영 프로그램, 계산 장치뿐만 아니라 게임, 동영상 재생 프로그램과 같은 모든 프로그램을 포함한다.

수동적 스스로 행동하거나 판단하지 않고 다른 것들의 작용을 받아 움직이는 상태.

수정 헌법 제1조(First Amendment) 표현의 자유를 규정한 미국의 헌법 조항. '의회는 신앙의 자유, 표현의 자유, 출판의 자유, 집회의 자유, 청원의 자유를 제한하는 어떠한 법률도 제정할 수 없다'는 내용을 담고 있다. 이는 인간은 이성적인 존재이기 때문에 의사를 표현하고 사상을 자유롭게 가지고 판단할 수 있는 자격을 가졌다는 이념에 기초하고 있다.

스마트폰 휴대전화에 인터넷과 같은 컴퓨터의 기능을 추가한 단말기. 스마트폰의 특징은 사용자가 다양한 응용 프로그램을 설치하여 자신에게 적합한 사용 환경을 구축할 수 있다는 점인데, 어디서나 데이터를 주고받을 수 있다는 장점이 있다.

에니악(ENIAC) 세계 최초의 다목적 전자 컴퓨터. 1946년 미국에서 제작되었다. 무게는 130톤에 가까웠고, 무려 1만 7,468개의 진공관이 사용되었다. 미군의 탄도를 계산하기 위해 만들어졌다.

영상물보호위원회 2007년 설립된 비영리 민간단체. 영상물 불법 복제에 대응하기 위해 설립된 단체. 국내 영상 산업의 저작권을 보호하기 위해 각종 캠페인과 정책 참여 활동을 하고 있다.

인격체 인격을 가진 개체. 인격이란 인간으로서 가지고 있는 일관된 성격, 경향이나 행동경향 혹은 사람으로서의 품격을 말하는데, 인격체는 이러한 인격을 가진 개체를 의미한다.

인종 피부색, 체형 등과 같은 신체적인 특성을 기준으로 인간을 종별로 구분한 것. 인종의 특성은 주로 지역적 차이에 의해 많이 드러나며, 특정 소수 민족에 대한 차별의 근거가 되기도 했다.

입체 영상 실제로는 평면의 2차원 영상이면서 앞으로 튀어나오거나 뒤로 들어가 보이는 3차원 착시 효과. 사람의 두 눈이 사물을 다른 각도에서 보아 거리와 깊이를 지각하는 점을 활용한 기법이다. 오른쪽 눈과 왼쪽 눈에 서로 다른 영상을 비추어 입체로 보이게 만든다.

저작권 인간의 생각과 느낌을 담은 창작물, 즉 소설, 영화, 논문, 컴퓨터 프로그램 등에 대한 권리. 이러한 권리는 다른 이들에게 배타적이며 오직 창작자 본인만이 가질 수 있는 독점적인 권리이다.

카세트테이프(Cassette Tape) 오디오 기기에 사용되기 위해 소리를 기록하는 것. 네모난 케이스 안에 자성이 있는 테이프가 담겨 있어 소리를 저장할 수 있는데, 크기가 작고 무게가 가벼워서 널리 이용되었다. 필립스사에 의해 규격이 통일되어 어떤 기기를 이용해서나 편리하게 음악을 녹음하고 들을 수 있었지만, 최근에는 MP3의 등장으로 잘 사용되지 않는다.

컴퓨터 그래픽(CGI, Computer Genarated Imagery) 컴퓨터 영상 합성 기술. 실제로 촬영할 수 없는 불가능한 영상을 만들어 낼 수 있어서 영화나 프로그램, 광고 등의 시각 효과에 사용된다. 최근에는 컴퓨터 그래픽이 사용되지 않은 엔터테인먼트 상품을 찾아보기가 어려울 정도로 널리 사용되고 있다.

태블릿 PC(Tablet PC) 터치 스크린을 주 입력 장치로 장착한 휴대용 PC. 스마트폰이 컴퓨터와 전화기의 기능을 합쳐놓은 단말기라면 태블릿 PC는 노트북과 전자 수첩을 합쳐놓은 단말기에 가깝다. 즉 태블릿 PC는 손으로 기계를 조작하는 터치 스크린이라는 입력방식을 사용해서 쓰기 쉽고, 크기도 작아 갖고 다니기에 편리하다. 컴퓨터나 스마트폰처럼 각종 응용 프로그램을 자유롭게 설치하여 사용할 수도 있다.

더 알아보기

Kocca 기능성 게임 종합 포털 seriousgame.kocca.kr
게임 산업의 긍정적 발전과 사용자들이 유익한 게임을 즐길 수 있도록 돕는 웹 사이트로 국방, 교육, 스포츠, 의료 등과 관련된 게임을 제공하는 곳이다. 기능성 게임을 통해 사용자들이 관련 분야에 대한 지식을 습득할 수 있도록 돕고 사회적 효과를 창출하는 데 목적이 있다.

가온차트 www.gaonchart.co.kr
한국 음악 콘텐츠 산업 협회에서 운영하는 국내 음반 판매량 집계 사이트다. 우리나라의 음악 시장을 성장시키고 불법 복제 및 저작권 침해에서 음악 콘텐츠를 보호하는 역할을 하기 위해 설립되었다. 이곳에서는 현재 우리나라의 음악 시장에서 무엇이 유행하고 있고, 어떤 음반이 새로 나왔는지 등에 대한 다양한 정보를 얻을 수 있다.

문화체육관광부 www.mcst.go.kr
우리나라의 다양한 문화를 보호하고 융성하기 위해 설립된 중앙 행정 기관으로 우리나라의 예술을 보호하고 엔터테인먼트 산업을 발전시키는 역할을 한다.

문화콘텐츠닷컴 www.culturecontent.com
엔터테인먼트 활동에 관한 역사적인 자료에서부터 최신 자료까지 다양한 사진과 정보, 동영상들에 인터넷으로 손쉽게 접근할 수 있는 곳이다. 엔터테인먼트 상품의 저작권을 보호하는 역할을 하며 엔터테인먼트 상품에 대한 정보를 각각의 주제에 맞게 간편하게 정리해 두었다.

문화포털 www.culture.go.kr

문화 소식, 공연 정보와 같은 문화와 엔터테인먼트 산업에 관련된 자료들을 제공하고 이용을 돕는 사이트로 연극, 축제와 같은 엔터테인먼트 상품에 대한 최신 정보를 얻는 동시에 소비자들의 후기도 공유할 수 있다.

영화진흥위원회 www.kofic.or.kr

우리나라의 영화 산업을 보호하고 육성하기 위한 위원회다. 영화 제작에 투자와 지원을 하며 영화제를 개최하는 등의 다양한 활동을 하고 있다. 이곳에서는 우리나라 영화계의 최신 소식, 개봉한 영화에 대한 실시간 예매율과 같은 정보, 영화 제작 현황 등을 알 수 있다.

한국문화산업교류재단 www.kofice.or.kr

음악, 영화, 드라마 등 우리나라의 다양한 엔터테인먼트 상품을 해외에 널리 알리는 역할을 하는 곳으로 우리나라의 엔터테인먼트 산업이 어떻게 세계적으로 알려지고 있는지 그리고 이에 관련한 어떠한 활동들이 있는지에 대해서 알 수 있다.

한국영상자료원 www.koreafilm.or.kr

우리나라의 영화에 관련된 다양한 자료들을 보호하고 후세에까지 널리 알리는 역할을 하는 단체다. 이곳에서는 우리나라 영화의 필름, 시나리오, 포스터 등의 모든 자료들을 가지고 있으며 오래된 영화를 다시 상영해 주거나 소개해 주는 행사도 진행하고 있다.

한국콘텐츠진흥원 www.kocca.kr

방송, 게임, 애니메이션과 같은 우리나라의 엔터테인먼트 산업을 보호하고 육성하기 위해서 설립된 공공 기관으로 엔터테인먼트 산업에 관한 다양한 행사에 대한 정보와 지식을 얻을 수 있다.

찾아보기

내인생의책은 한 권의 책을 만들 때마다
우리 아이들이 나중에 자라 이 책이 '내 인생의 책'이라고 말할 수 있는 책을 만들고자 합니다.

세상에 대하여 우리가 더 잘 알아야 할 교양

26 엔터테인먼트 산업 어떻게 봐야 할까?

스터지오스 보차키스 글 | 강인규 옮김

1판 1쇄 2013년 7월 30일 | 1판 2쇄 2016년 8월 18일
펴낸이 조기룡 | 펴낸곳 내인생의책 | 등록번호 제10-2315호
주소 서울시 영등포구 당산로41길 11 SKV1 Center W동 1801호
전화 (02)335-0449, 335-0445(편집) | 팩스 (02)6499-1165
전자우편 bookinmylife@naver.com | 카페 http://cafe.naver.com/thebookinmylife
편집 우석영 이다겸 | 디자인 안나영 김지혜 | 경영지원 조하늘

이 책의 한국어판 저작권은 Imprima Korea Agency를 통해
Capstone Global Library Limited와의 독점 계약으로 내인생의책에 있습니다.
저작권법에 의해 한국 내에서 보호를 받는 저작물이므로
무단전재와 무단복제를 금합니다.

ISBN 978-89-97980-48-2 44300
ISBN 978-89-91813-19-9 44300(세트)

Entertainment & Gaming
Copyright ⓒ 2011 Stergios Botzakis
Published by arrangement with Capstone Global Library Limited
All rights reserved.

Korean Translation Copyright ⓒ2013 by TheBookinMyLife
Korean edition is published by arrangement with Capstone Global Library Limited
through Imprima Korea Agency

책값은 뒤표지에 있습니다. 잘못된 책은 구입처에서 바꾸어 드립니다.

이 도서의 국립중앙도서관 출판시도서목록(CIP)은 e-CIP 홈페이지(http://www.nl.go.kr/ecip)에서 이용하실 수 있습니다.
(CIP제어번호:2013011882)

어린이제품안전특별법에 의한 제품 표시
제조자명 내인생의책 | **제조년월** 2016년 8월 | **제조국** 대한민국 | **사용연령** 13세 이상 어린이 제품
주소 및 연락처 서울시 영등포구 당산로41길 11 SKV1 Center W동 1801호 02)335-0449

세더잘 25

적정기술 모두를 위해 지속가능해질까?

섬광 글 | 김정태 감수

적정기술은 소외된 사람만을 위한 지속가능하지 못한 기술이다.
vs 적정기술은 첨단기술처럼 선진국에서도 필요한 지속가능한 기술이다.

적정기술이란 사회 공동체의 정치적·문화적·환경적 고려해 고안된 기술로, 삶의 질을 실질적으로 향상시킬 수 있는 기술입니다. 적정기술은 가난한 국가에만 적용되지 않고, 장애와 빈곤, 자연재해로 고통 받는 선진국의 사람들에게도 필요하지요. 하지만 최근 적정기술의 실효성과 지속가능성에 의문이 제기되고 있어요. 이 책은 적정기술의 현재와 미래를 소개하며 청소년이 기술이 창조할 수 있는 더 나은 세계를 꿈꾸게 합니다.

세더잘 24

국제 관계 어떻게 이해해야 할까?

닉 헌터 글 | 황선영 옮김 | 정석용 감수

상호 협력을 통해 인류의 평화와 번영을 이룩할 수 있다.
vs 국제 협력은 강대국이 자국의 이익을 관철시키려는 허울 좋은 명분에 불과하다.

이 책은 영토 분쟁부터 지구 온난화에 이르기까지 다양한 국제적 사안들을 깊이 있게 설명하며, 인류의 평화적 공존과 번영을 위해 고민해 봐야 할 중요한 논점들을 제시합니다. 또한, 각 국가는 물론 국제기구, 비정부기구 등 국제 질서를 구성하는 주체들이 협력과 경쟁, 대립을 통해 상호작용하는 과정을 다양한 예시를 들어 소개하고 있습니다.

세더잘 23

국가 정보 공개 어디까지 허용해야 할까?

케이 스티어만 글 | 황선영 옮김 | 전진한 감수

국민은 국가의 정보를 알 권리가 있다.
vs 시민의 생명과 재산을 위해 비밀 유지가 필요할 때도 있다.

이 책은 정보공개제도 확대의 역사와 찬반 논쟁에서 실제 정보공개를 청구하는 방법에 이르기까지 아주 꼼꼼히 기술했다. 더불어 정보공개제도가 시행됨에 따라 공무원들의 사생활이 침해되는 등 제도가 가지는 몇몇 문제점도 함께 고민하며 사고의 깊이를 더했다.

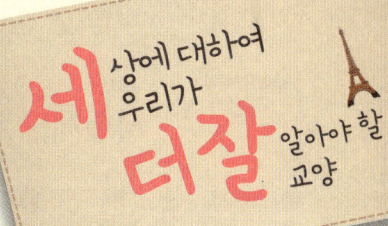

세상에 대하여 우리가 **더 잘** 알아야 할 교양

세더잘 11

사형제도 과연 필요한가?

케이 스티어만 글 | 김혜영 옮김 | 박시숙 감수

사형은 국가가 행하는 합법적인 살인이므로 폐지되어야 한다. vs 사형은 범죄를 억제하는 가장 효과적인 방법이므로 존치시켜야 한다.

세더잘 10

성형수술 외모지상주의의 끝은?

케이 스티어만 글 | 김아림 옮김 | 황상민 감수

미용 성형 산업을 객관적인 시선으로 바라보도록 도와주어 현대 사회에 대한 근본적인 물음을 던지게 하는 책

세더잘 09

자연재해 인간과 자연이 공존하는 길은?

안토니 메이슨 글 | 선세갑 옮김

자연재해에 관한 사회·과학 통합서 '자연 대 인간'에서 '자연과 인간'으로!

세더잘 08

미디어의 힘 견제해야 할까?

데이비드 애보트 글 | 이윤진 옮김 | 안광복 추천

미디어는 규제받아야 한다. .vs 미디어는 자유로워야 한다.

세더잘 07

에너지 위기 어디까지 왔나?

이완 맥레쉬 글 | 박미용 옮김

지구 온난화, 전쟁과 테러, 허리케인… 이 모든 것은 에너지 위기에서 비롯되었다!

세더잘 06

자본주의 왜 변할까?

데이비드 다우닝 글 | 김영배 옮김 | 전국사회교사모임 감수

지금의 경제위기는 현행 자본주의 체제로 극복할 수 있다. VS 자본주의를 대체할 새로운 경제 체제가 필요하다.

세더잘 05

비만 왜 사회문제가 될까?

콜린 힌슨. 김종덕 글 | 전국사회교사모임 옮김

비만은 나쁜 식습관이나 운동 부족 등으로 인한 개인의 문제다. VS 비만은 빈부 격차, 정부 정책과 같은 사회적 원인 때문에 발생한다.

세더잘 04

이주 왜 고국을 떠날까?

루스 윌슨 글 | 전국사회교사모임 옮김 | 설동훈 감수

이주자들은 경제적으로 이바지하며 한 나라의 삶을 풍요롭게 한다. VS 이주자들은 자국민의 일자리를 빼앗고, 국가의 재원을 고갈시킬 뿐이다.

세더잘 03

중국 초강대국이 될까?

안토니 메이슨 글 | 전국사회교사모임 옮김 | 백승도 감수

중국이 세계 경제에 미치는 막대한 파급력으로 보아 중국은 초강대국이 될 것이다. VS 중국은 정치적 상황으로 볼 때 장기적이고 지속적인 성장을 할 수 없을 것이다.

세더잘 02

테러 왜 일어날까?

헬렌 도노호 글 | 전국사회교사모임 옮김 | 구춘권 감수

테러는 정치적·사회적약자의 투쟁 수단이다. VS 테러는 반인륜적인 범죄일 뿐이다.

세더잘 01

공정무역 왜 필요할까?

아드리안 쿠퍼 글 | 전국사회교사모임 옮김 | 박창순 감수

자유무역을 통해서 무역의 규모를 키워야 한다. VS 공정무역으로 분배를 제대로 하는 것이 우선이다.

※ 디베이트 월드 이슈 시리즈 **세더잘**은 계속 출간됩니다.